AF558662

DIE NEUE ERDE

Anleitungen, Übungen, Sprüche, Gebete

Aus dem Französischen übersetzt.
Originaltitel:
»La nouvelle terre«

Diese Angaben sind zugleich Pflichtinformationen nach der EU-Produktsicherheitsverordnung GPSR.

ISBN 978-3-89515-066-1

12. Auflage

Druck 2026: Interpress, Ungarn

Omraam Mikhaël Aïvanhov

DIE NEUE ERDE

Anleitungen, Übungen, Sprüche, Gebete

Gesamtwerke Band 13

PROSVETA VERLAG

INHALT

Vorwort 11

1 ***Gebete*** 13

Vaterunser 15

Das Gute Gebet 16

Psalm 91 17

2 ***Zum Tagesablauf*** 19

Am Morgen

Gebet beim Erwachen 21

Das Erinnern an die Träume 21

Das Aufstehen 22

Die Morgenwäsche 22

Heißes Wasser trinken 23

Die Meditation 24

Die Atemübungen 24

Die Gymnastikübungen 27

Die Mahlzeiten 28

Ratschläge zum Tagesablauf

Lebe den heutigen Tag richtig! 29

Sich ständig überwachen 30

Sinnvolles Ausrichten der Lebensenergien 31

Mit den Kräften vernünftig haushalten 32

Das Verhältnis des Menschen zu seinen Zellen 33

Die Vergeistigung aller Aktivitäten 35

Die Bedeutung der Harmonie 37

Lernt danken 38

Der Abend

Das Waschen am Abend 39

Die Vorbereitung auf den Schlaf 40

3 ***Die Ernährung*** 47
Die Bedeutung der inneren Einstellung 49
Die Aufgabe des Kauens 49
Die Versorgung der feinstofflichen Körper 50
Esst euch nicht ganz satt 53
Vom Sinn des Segnens 54

4 ***Das Verhalten*** 57
Die magische Kraft der Gesten 59
Der Gang 60
Die Hände 61
Der Blick 63
Das gesprochene Wort 66
Gedanken und Gefühle 68
Seine Fehler wiedergutmachen 70

5 ***Die Problematik des Bösen*** 71
Schwächen und Laster
Die Warnzeichen erkennen 73
Die Einstellung gegenüber den eigenen Fehlern 74
Wie man die Kräfte des Bösen nutzt! 74
Die geistige Veredlung 77
Zwei Beispiele, die Sexualität betreffend 79
Die neuen Klischees 82
Negative Gemütsverfassungen
Haltet inne und lenkt eure Gedanken 83
Wie man durch Gedanken die Wolken auflöst 83
Das Baden 84
Dem Übel eine Frist setzen 84
Die Kraft der Liebe 85
Die Kraft des gesprochenen Wortes 85
Die Kraft des Gesangs 86
Wie man die Geister des Bösen bekämpft 87
Gebet gegen böse Geister 88
Schwierige Lebenslagen
Vorsorge für schwere Zeiten 89

Versucht nicht, Schwierigkeiten auszuweichen......... 89
Nehmt auferlegte Prüfungen an 90
Aus einem Übel kann immer Gutes entstehen.......... 90

6 ***Anleitungen zur Reinigung und Läuterung*** 93
Das Fasten 95
Das Schwitzen 98
Die vier Elemente 99
Die Erde 99
Das Wasser 100
Die Luft 103
Das Feuer.. 104
Gebet an die Engel der vier Elemente......................106
Erhebt euch, um Reinheit zu finden 108

7 ***Mitmenschliche Beziehungen*** 109
Dankesschuld...111
Die Liebe in den Beziehungen 113
Feindliche Beziehungen...118
Methoden, um der ganzen Menschheit zu helfen ... 122

8 ***Beziehungen zur Natur*** 125
Sich bewusst werden, dass die Natur lebt 127
Die Naturgeister zum Mitwirken
für das Reich Gottes einladen 129
Unsere Dankesschuld der Natur gegenüber 131

9 ***Die Sonne – Die Sterne*** 133
Die Sonne
Vorbereitung zum Sonnenaufgang.......................... 135
Gebet beim Aufstieg zum Felsen............................ 136
Anleitung zur Meditation beim Sonnenaufgang 137
Einige Meditationsthemen 138
1. Die Suche nach dem Zentrum............................. 138
2. Wie man feinstofflichen Elemente auffängt 139
3. Die Sonne betrachten, um ihr ähnlich zu werden....140
4. Die Verbindung mit dem höheren Ich 141
5. Die Sonne besuchen 142

6. Schlummernde Keime zum Wachsen bringen 143
7. Die Heilige Dreieinigkeit in der Sonne finden 144
8. Der Rosenkranz des Schülers 146
9. Übung zur Entwicklung der Aura 147
10. Lieben wie die Sonne 148
11. Über die ganze Menschheit strahlen 150
12. Sich an die Sonne wenden,
um Probleme zu lösen 150
13. Formeln bei aufgehender Sonne 151
14. Erhebt euch über die Wolken 152
15. Die Farben des Prismas 152
16. Die geistige Veredelung 154
17. Übungen bei bewölktem Himmel 155
18. Betrachtet die Sonne jeden Tag auf neue Weise ... 155
19. Das Elixier des unsterblichen Lebens 156
20. Das himmlische Feuer anziehen 156
21. Die Sonne trinken 157
22. Die Philosophie der Einheit 158

Die Sterne
Die Nacht lehrt uns die Relativität aller Dinge 159
Die Sprache der Sterne 159

10 ***Die Arbeit mit dem Denken*** 161
Das Denken ermöglicht es,
die Quintessenz herauszuziehen 163
Das Denken nur für gute Zwecke verwenden 164
Die Rolle der Musik für das Denken 164
Die Konzentration 165
Meditation, Kontemplation, Identifikation 165
Das Gebet 170
Alle Macht liegt im Denken 172

11 ***Die geistige Galvanoplastik*** 175
Beschreibung eines galvanischen Experiments 177
Die Arbeit der Mutter
während der Schwangerschaft 178
Die Galvanoplastik im geistigen Leben 180

12 ***Der Solarplexus*** 183
Die Bedeutung des Solarplexus 185
Wie man den Solarplexus kräftigt.............................. 185
Gehirn und Solarplexus 188
Füße und Solarplexus 188

13 ***Das Harazentrum*** 191
Übung 193

14 ***Übungen mit dem Licht*** 195
Befasst euch ständig mit dem Licht!......................... 197
Das Licht besänftigt und heilt.................................... 199
Das Licht bietet Schutz 199
Das Licht bringt Harmonie und Liebe 200
Sendet Lichtsignale zum Himmel.............................. 200
Das Licht, Bildnis Gottes 201
Gemeinsam auszuführende Übung:
Die Sonne, die die Welt erleuchtet 201

15 ***Die Aura*** 203
Die Aura als Schutz 205
Die Farben der Aura als Bezugspunkt 206
Wie man an der Aura arbeitet................................... 206

16 ***Der Lichtkörper*** 209

17 ***Einige Formeln und Gebete*** 215

18 ***Die Gymnastikübungen*** 225

Da Meister Omraam Mikhaël Aïvanhov
seine Lehre ausschließlich mündlich überlieferte,
wurden seine Bücher aus den Stenomitschriften,
Tonband- oder Videoaufnahmen seiner frei gehaltenen
Vorträge zusammengestellt.

Vorwort

Damit ihr besser versteht, wie ich meine Rolle als Lehrer, als Pädagoge sehe, spreche ich zu euch wie ein Hausherr, der eine große Zahl von Gästen zum Essen eingeladen hat. Um sicherzugehen, dass ich alle zufrieden stelle, tische ich alles auf, was ich an Obst, Gemüse, Käse usw. finden kann, es fehlt an nichts, und jeder von euch kann sich aussuchen, was ihm zusagt, was ihm schmeckt. Aber selbstverständlich sollt ihr nicht glauben, dass ihr alles essen müsst, nur weil alles aufgedeckt ist. Ihr würdet euch ja sonst überessen und krank werden.

Mit den Methoden, die ich euch vorstelle, ist es genauso. Ich biete euch von allem etwas an, denn ich weiß, dass ihr nicht alle den gleichen Charakter, die gleichen Bedürfnisse, die gleichen Fähigkeiten, die gleiche Tatkraft besitzt. Es liegt also an euch, eine Auswahl zu treffen. Es wäre gefährlich, wenn ihr versuchen würdet, alle Methoden anzuwenden. Natürlich sollt ihr euch ständig die zahlreichen Regeln vergegenwärtigen, die ich euch zur Gestaltung des Alltags gegeben habe, damit ihr euch nicht verirrt und damit ihr Tag für Tag auf dem Weg eurer Weiterentwicklung ein Stück vorankommt. Aber versucht weder alle Übungen zu machen noch alle Methoden, die ich euch nenne, anzuwenden, das würde euch nicht gut bekommen. Also, ihr wisst nun Bescheid, ihr steht gleichsam vor einer Tafel, wo alles für euch bereitgestellt ist, aber verschlingt nicht alles überstürzt. Sucht euch einige Methoden aus, vier, fünf, sechs, sieben vielleicht... und konzentriert euch auf diese, damit ihr vertieft arbeiten könnt.

Ich muss nun noch in psychologischer Hinsicht einige sehr wichtige Bemerkungen anfügen. Es kann vorkommen, dass eine Methode, die euch gestern Licht, Ruhe oder Mut gebracht hat, heute wirkungslos ist, weil sich eure Stimmung verändert hat. Also, was tun? Nun, man darf nicht stur auf ihr beharren, sondern man muss die Methode suchen, die für heute passt. Und hier bietet sich noch einmal ein Vergleich mit dem Essen an. An einem Tag habt ihr Appetit auf eine Omelette oder auf Makkaroni und am anderen Tag spricht euch das nicht mehr an, ihr habt Lust auf Fisch oder Kartoffeln oder nur Obst. Und das ist gut so. Man soll nicht jeden Tag das Gleiche essen, unser Organismus braucht verschiedenartige Nahrung. Ich weiss sehr wohl, dass es Völker gibt, die täglich die gleiche Nahrung zu sich nehmen, aber ihre Ernährung ist das Ergebnis besonderer Bedingungen, sie sind seit Jahrhunderten daran gewöhnt. Ihr müsst jedenfalls selbst spüren, ob eine Methode, die ihr gestern angewandt habt, heute immer noch genauso wirksam ist. Wenn ihr fühlt, dass sie nichts mehr bringt, dann verzichtet vorübergehend auf sie, ihr könnt sie ja zu einem späteren Zeitpunkt wieder aufgreifen.

Nach dem Plan der kosmischen Intelligenz sollte sich der Mensch in allen Bereichen weiterentwickeln bis er schließlich Vollkommenheit erlangt. Deshalb darf er sich nicht immer mit der gleichen Tätigkeit begnügen. Um voranzukommen, muss er ständig Neues entdecken und erfahren. Überlegt doch mal: Wie vielen Tätigkeiten geht ihr an einem Tag nach? Ihr benützt nacheinander euer Gehirn, eure Augen, eure Ohren, eure Beine, eure Hände, euren Mund, und auf diese Weise lernt ihr, macht ihr Fortschritte. Eure Organe sind immer da, ihr tauscht sie nicht aus, aber ihr verwendet sie nicht alle auf einmal. Je nach Bedarf setzt ihr die ein, die ihr braucht. Mit den Methoden, die ich euch vorschlage, verhält es sich genauso. Ihr müsst lernen, sich ihrer je nach Bedarf vernünftig zu bedienen.

Kapitel 1

Gebete

Bei bestimmten Anlässen werden die folgenden drei Gebete von allen gemeinsam gesprochen:

Vaterunser

Vater unser, der Du bist im Himmel,
geheiligt werde Dein Name,
Dein Reich komme,
Dein Wille geschehe
wie im Himmel so auf Erden.
Unser täglich Brot gib uns heute.
Und vergib uns unsere Schuld,
wie auch wir vergeben unsern Schuldigern.
Und führe uns nicht in Versuchung,
sondern erlöse uns von dem Bösen.
Denn Dein ist das Reich
und die Kraft
und die Herrlichkeit
in Ewigkeit

Amen!

Das Gute Gebet

Herr und Gott, unser sanftmütiger Vater im Himmel,
Du hast uns Leben und Gesundheit geschenkt,
damit wir Dich mit Freuden anbeten.

Sende uns Deinen Geist, um uns zu beschützen und vor
allem Bösen und allen schlechten Gedanken zu bewahren.

Lehre uns, Deinen Willen zu erfüllen,
Deinen Namen zu heiligen, Dich ständig zu verherrlichen.

Heilige unseren Geist,
erhebe unsere Herzen und unseren Verstand,
damit wir Deine Gebote und Deine Weisungen befolgen.

Inspiriere uns durch Deine Heilige Gegenwart zu reinen Gedanken und leite uns, damit wir Dir mit Freuden dienen.

Segne das Leben, das wir Dir weihen, zum größten Wohl unserer Brüder und aller, die uns nahe stehen.

Hilf uns, steh uns bei, damit unsere Erkenntnis
und unsere Weisheit von Tag zu Tag zunehmen
und wir in Deiner Wahrheit bleiben.

Führe uns, damit alles, was wir in Deinem Heiligen Namen tun,
dazu beiträgt, Dein Reich auf Erden zu errichten!

Nähre unsere Seelen mit Himmelsbrot und erfülle uns
mit Deiner Kraft, damit wir unser Leben meistern können!

Und da Du uns überreich mit all diesen Segnungen
beschenkst, gewähre uns auch Deine Liebe,
damit sie auf ewig unser höchstes Gebot bleibe.

Denn Dein ist das Reich und die Kraft
und die Herrlichkeit in Ewigkeit.

Amen.

Psalm 91

Wer unter dem Schirm des Höchsten sitzt
und unter dem Schatten des Allmächtigen bleibt,
der spricht zu dem Herrn:
»Meine Zuversicht und meine Burg,
mein Gott, auf den ich hoffe.«
Denn Er errettet dich vom Strick des Jägers
und von der schädlichen Pestilenz.
Er wird dich mit seinen Fittichen decken,
und deine Zuversicht wird sein unter Seinen Flügeln.
Seine Wahrheit ist Schirm und Schild,
dass du nicht erschrecken müssest
vor dem Grauen der Nacht,
vor den Pfeilen, die des Tages fliegen,
vor der Pestilenz, die im Finstern schleicht,
vor der Seuche, die im Mittage verderbt.
Ob tausend fallen zu deiner Seite
und zehntausend zu deiner Rechten,
so wird es doch dich nicht treffen.
Ja, du wirst es sehen mit eigenen Augen,
wirst schauen, wie den Gottlosen vergolten wird.
Denn der Herr ist deine Zuversicht,
der Höchste ist deine Zuflucht.
Es wird dir kein Übel begegnen,
und keine Plage wird zu deiner Hütte sich nahen.
Denn er hat Seinen Engeln befohlen über Dir,
dass sie dich behüten auf allen deinen Wegen.
Dass sie dich auf den Händen tragen
und du deinen Fuß nicht an einen Stein stoßest.
Auf Löwen und Ottern wirst du gehen
und treten auf junge Löwen und Drachen.
»Er begehret mein, so will ich ihm aushelfen;
Er kennt meinen Namen,

darum will ich ihn schützen.
Er ruft mich an, so will ich ihn erhören;
ich bin bei ihm in der Not;
ich will ihn herausreißen und zu Ehren bringen.
Ich will ihn sättigen mit langem Leben
und will ihm zeigen mein Heil.«

Kapitel 2

Zum Tagesablauf*

* *Es geht hier nicht darum, eine genauestens einzuhaltende Tageseinteilung vorzuschreiben. In diesem Kapitel werden lediglich die wesentlichen Momente des täglichen Lebens erwähnt, für die Meister Omraam Mikhaël Aïvanhov Übungen und Anleitungen sowie allgemein nützliche Ratschläge als Tagesgeleit gegeben hat.*

Am Morgen

Gebet beim Erwachen

Wenn ihr aufwacht, solltet ihr vor allem Gott danken, nichts anderes. Die ersten Worte, die ihr beim Aufwachen auf den Lippen haben solltet sind: »Ich danke Dir, Herr, dass Du mir Leben und Gesundheit schenktest. Erfülle mein Herz mit Liebe und gib mir die Kraft, Deinen Willen auszuführen, damit all mein Tun Dir zu Ehren und in Deinem Namen geschehe!«

Das Erinnern an die Träume

Habt ihr Gott gedankt, so versucht, euch eurer Träume zu erinnern. Wird euch dies zur Gewohnheit, so werdet ihr oft feststellen, dass euch während des Schlafs Richtlinien gegeben wurden. Jedoch muss dieses Erinnern sofort geschehen, solange die wichtigsten Traumbilder noch in eurem Gehirn gegenwärtig sind. Denn schon wenig später kann man sich ihrer selten mehr erinnern. Manchmal kommen die Träume im Lauf des Tages wieder ins Gedächtnis zurück. Es ist jedoch besser, sich ihrer morgens beim Aufwachen zu erinnern.

Das Aufstehen

Danach solltet ihr aufstehen. Wer zu lange nach dem Aufwachen im Bett bleibt, kann großen psychischen Schaden erleiden. Er wird immer versucht sein, in Benommenheit, in einer astralen Trunkenheit versunken zu bleiben, wo träge und sinnliche Gedanken herumschwirren. Das reicht aus, seinen Charakter zu schädigen und seinen Willen zu töten und für alle Zeiten zu deformieren. Eine solche Gewohnheit macht den Menschen zu einem Faulpelz, der nur in seiner Fantasie lebt und körperlichen Gelüsten erliegt.

Ihr solltet vorwärts gerichtet aufstehen, niemals rückwärts, und euer rechter Fuß sollte als erster den Boden berühren. Führt jede Bewegung beim Aufstehen bewusst und richtig aus. Diese Einzelheiten mögen euch belanglos erscheinen, tatsächlich jedoch hat alles seine Bedeutung.

Die Morgenwäsche

Nach dem Aufstehen sollte die körperliche Reinigung folgen. Noch vor dem Gebet, bevor man irgend etwas unternimmt, sollte man sich die Hände und das Gesicht waschen und vor allem die Augen nicht mit ungewaschenen Händen berühren.

In der Kabbala heißt es, beim Einschlafen hänge sich ein unreiner Geist an den Körper des Menschen, der noch beim Erwachen an seinen Händen und seinem Gesicht hafte. Beim Aufwachen stehen also unsere Hände und unser Gesicht noch unter der Herrschaft dieses unreinen Geistes. Deshalb darf man nichts beginnen, bevor diese unsaubere fluidale Schicht abgewaschen ist.

Das Waschen soll ganz bewusst und aufmerksam durchgeführt werden, denn das Waschen ist genauso wichtig wie das Essen. Macht keine hastigen, fahrigen Bewegungen, wenn ihr euch das Gesicht wascht, denn im Feinstofflichen sind die einzelnen Teilchen sehr sinnvoll angeordnet und ungestüme Bewegungen zerstören diese Ordnung. Beobachtet euch und ihr werdet feststellen, dass ihr euch entmagnetisiert fühlt, wenn ihr euch hastig wascht.

Richtet eure Aufmerksamkeit beim Waschen auf das Gefühl der Frische, welches das Wasser eurer Haut vermittelt. Diese Empfindung erhellt euer Denken. Lasst euch zutiefst von dem Gefühl durchdringen, dass ihr eine heilige Handlung ausführt und sprecht: »Möge Gottes Liebe aus meinem Gesicht strahlen!« Oder: »So wie ich mein körperliches Gesicht wasche, soll auch das Gesicht meiner Seele gewaschen werden!« Oder auch: »Im Namen der unsterblichen und ewigen Liebe, im Namen der unsterblichen und ewigen Weisheit, in der wir leben und unser Sein haben, möge mich dieses Wasser von allem Unreinen befreien!« Und ihr verweilt noch einige Minuten im Gebet.

Heißes Wasser trinken

Indem ihr heißes, gut abgekochtes Wasser morgens auf nüchternen Magen trinkt, reinigt ihr euren Organismus. Heißes Wasser ist ein natürliches Heilmittel, ungefährlich und sehr wirksam. Im Körper setzen sich Schlacken ab, die nur durch Fasten und Trinken von sehr heißem Wasser abgebaut werden können, weil sich durch den Wärmeeinfluss das Gewebe weitet und sich die Durchblutung verbessert. Versucht es, und ihr werdet sehen, wie viele Leiden euch durch das regelmäßige Trinken von heißem Wasser erspart bleiben oder geheilt werden, zum Beispiel Migräne, Fieber, Grippe, Appetit- und Schlaflosigkeit. Arteriosklerose kommt von Ablagerungen an den Arterienwänden, die sich dadurch verhärten. Wenn man heißes Wasser trinkt, löst sich dabei ein großer Teil dieser Ablagerungen auf und das Gewebe lockert sich.

Die Meditation*

Die Lehre der Universellen Weißen Bruderschaft empfiehlt dem geistigen Schüler in der Zeit vom 21. März bis zum 21. September jeden Morgen dem Sonnenaufgang beizuwohnen. Diese Frage wird im 9. Kapitel eingehend behandelt.

Bevor ihr etwas zu tun beginnt, setzt euch ruhig hin und lasst den Frieden in euch einziehen, bringt euch in Einklang mit dem Universum und verbindet euch mit dem Schöpfer. Weiht Ihm den beginnenden Tag in Gebet und Meditation.

Hier eine Übung für jeden Morgen:

Hebt den rechten Arm mit ausgestreckter Hand in die Höhe und sendet eure astrale Hand in Gedanken bis zum Throne Gottes und sagt: »Mein Gott, Dein ist alles, was ich habe. Bediene Dich meiner zu Deines Reiches Sieg und Ruhm. Ich werde Deinen Willen tun. Lass Deine Liebe, Deine Weisheit, Deine Kraft durch mich offenbar werden!« Es gibt Tage, an denen man diese Worte nicht von ganzem Herzen aussprechen kann. Man fühlt, dass sich innerlich etwas widersetzt. Es sollte einem gelingen, diese Worte nicht nur hie und da, sondern jeden Tag mit Überzeugung zu sprechen.

Selig ist, wer sagen kann: »Mein Gott, ich bin Dein Diener, verfüge über mich nach Deinem Willen!«

Die Atemübungen

Die Atmung ist eine Art der Ernährung und so wie man beim Essen langsam kauen sollte, so sollte man beim Atmen auch die Luft »kauen«. Haltet nach dem Einatmen die Luft lange an

* Über das Beten und Meditieren siehe das Kapitel 10 in diesem Buch »Das Wirken mit der Denkkraft«.

bis die Lungen (sie sind eine Art Magen) die in ihr enthaltenen Nährstoffe vollständig assimiliert haben. Wenn man die Luft zu schnell herauslässt, verschleudert man gleichzeitig all diese Substanzen, bevor man ihr all ihre nützlichen Bestandteile entnehmen konnte.

1. Beschreibung der Übungen

1. Drückt leicht mit dem Mittelfinger der rechten Hand auf den linken Nasenflügel, atmet über die rechte Nasenseite tief ein und zählt dabei bis 4.
2. Haltet den Atem an und zählt dabei bis 16.
3. Drückt nun mit dem Daumen der rechten Hand leicht auf den rechten Nasenflügel und atmet über die linke Nasenseite aus, während ihr bis 8 zählt.

Beginnt wieder von vorne in umgekehrter Reihenfolge:

1. Drückt leicht mit dem Daumen der rechten Hand auf den rechten Nasenflügel und atmet mit der linken Nasenseite tief ein, indem ihr bis 4 zählt.
2. Haltet den Atem an und zählt dabei bis 16.
3. Drückt mit dem Mittelfinger der rechten Hand leicht auf den linken Nasenflügel und atmet über die rechte Nasenseite aus, während ihr bis 8 zählt. Diese Übung ist mit jeder Nasenseite sechsmal zu wiederholen. Wer dazu in der Lage ist, kann das Zählintervall verdoppeln: 8 – 32 – 16.

Mit einer tiefen Atmung könnt ihr euer Nervensystem und viele andere Krankheiten heilen. Die Ärzte werden euch Calciumspritzen, Jod, Natrium usw. verschreiben, um euch die fehlenden Elemente zu geben, die Eingeweihten dagegen raten euch erst einmal, diese Elemente in ätherischer Form über die Atmung aufzunehmen. Die Methode ist sehr einfach: Ihr atmet ein und konzentriert euch auf die Vorstellung, dass ihr das Heilmittel aufnehmt, das euch fehlt. Ja, der Organismus weiß sehr gut, was er braucht, er hat eine ganze Truppe von Chemikern, die vollkommen kompetent sind und es verstehen, die notwendigen Substanzen aus der Luft zu ziehen. Das ist der Grund, warum ein Schüler nicht nur von der Apotheke Medikamente bezieht. Er atmet mit Liebe und in der vollkommenen Überzeugung, dass er aus dem All die für ihn notwendigen Elemente herausziehen kann.

Über die Atmung könnt ihr aber auch Stoffe, Kräfte und Teilchen aus der höheren Welt anziehen, das heißt Licht, Frieden und alle belebenden Elemente. Beim Atmen solltet ihr also versuchen, alle spirituellen Elemente anzuziehen, die ihr je nach eurem augenblicklichen Befinden braucht.

2. Einige Übungsbeispiele:

1. Wählt euch vier Tugenden aus, die ihr besonders gerne besitzen möchtet:

   - Während ihr 4 Schläge lang einatmet, nennt ihr in Gedanken gleichzeitig den Namen jeder dieser 4 Tugenden, eine Tugend auf jeden Schlag.
   - Beim Atemanhalten, 16 Schläge lang, wiederholt 4 mal die Namen dieser 4 Tugenden.
   - Beim Ausatmen sagt in Gedanken: »Ich trenne mich von ...« und nennt dabei die Namen der Fehler, die den 4 Tugenden, die ihr gewählt habt, entgegengesetzt sind...

2. Beim Einatmen denkt: »Ich danke Dir, Herr, dass ich mit dieser reinen Luft das göttliche Leben aufnehmen darf, das Du in sie gelegt hast.«

- Beim Anhalten des Atems denkt: »Möge dieses göttliche Leben meinen Körper durchdringen und ihn lebendig und gesund machen.«
- Beim Ausatmen denkt: »Ich werde dieses Leben, das ich erhalten habe, in all meinen Handlungen zur Ehre Gottes verwirklichen!«

3. Beim Einatmen denkt: »Mein Gott, Dein Name werde in mir geheiligt!«

- Beim Anhalten des Atems: »Mein Gott, lass Dein Reich und Deine Gerechtigkeit sich in mir entfalten!«
- Beim Ausatmen denkt: »Mein Gott, möge Dein Wille durch mich geschehen!«

4. Für den verdoppelten Rhythmus: 8 – 32 – 16:

- Wiederholt beim Einatmen zweimal die Namen von 4 Tugenden.
- Beim Ausatmen: Stellt euch vor, dass die Engel der 4 Elemente euch von euren Unreinheiten befreien. Der Engel des Feuers befreit euer Gehirn, der Engel der Lüfte euer Herz und eure Lunge, der Engel des Wassers euren Magen, den Bauch und das Geschlecht, der Engel der Erde euren ganzen Körper.

Die Gymnastikübungen

Die Beschreibung und die Erläuterungen zu den Gymnastikübungen befinden sich im Anhang dieses Buchs.

Die Mahlzeiten

Über die Art und Weise, wie man essen soll, siehe Kapitel 3 »Die Ernährung«.

Zu Beginn und am Ende jeder Mahlzeit sprechen die Schüler der Universellen Weißen Bruderschaft drei Mal die bulgarische Formel:

»Boschjata ljubov rasreschava vsitschkite problemi.«
(Die Liebe Gottes löst alle Probleme.)

Ratschläge zum Tagesablauf

Lebe den heutigen Tag richtig!

Euer ganzes Schicksal hängt von dem Leben ab, das ihr heute führt, von der Richtung, in die ihr heute eure Gedanken und Gefühle lenkt, von den Aktivitäten, für die ihr heute eure Energien verwendet. Denn je nachdem, ob ihr aufmerksam und wachsam seid oder nicht, werdet ihr den Weg für eure Zukunft frei machen oder aber ihr versperrt ihn euch mit allerlei unnötigen oder sogar schädlichen Dingen, die eure wahre Entwicklung verhindern.

Hier liegt der Sinn der Worte Jesu als er sagte, man solle nicht für morgen sorgen. Denn wenn ihr jeden Tag auf ein richtiges Verhalten achtet, ebnet ihr den Weg für den nächsten Tag und seid frei für die von euch gewünschten Unternehmungen und zugleich achtet ihr mit wachen Sinnen darauf, nichts unerledigt zu lassen. So werdet ihr jedem Tag gut vorbereitet begegnen, bereit, frei zu atmen, zu lernen, euch zu freuen, zu singen und das ganze Leben wird überstrahlt von Glück und Segen. So muss man das verstehen. Indem man wachsam heute alles erledigt, denkt man indirekt an morgen.

Denkt also nicht an morgen, denkt an heute! Wenn für heute alles geregelt ist, wird es für morgen auch geregelt sein, das ist automatisch. Und da alles aufgezeichnet wird, wird auch ein herrlicher, unvergänglicher Tag im Leben aufgezeichnet. Er stirbt nicht, er bleibt lebendig und versucht, alle anderen nachfolgenden Tage mitzuziehen, damit sie ihm gleichen. Versucht wenigstens einen einzigen Tag gut zu leben, denn er wird die anderen beeinflussen: Er wird sie einladen, mit ihnen sprechen und sie überzeugen, wie er zu sein, ausgeglichen, geordnet, harmonisch.

Da ihr die magische Seite dieser Frage noch nicht studiert habt, sagt ihr: »Ach, ein Tag, was kann das schon ausmachen? Ich lebte im Chaos, aber morgen wird es besser sein.« Ja, es wird besser sein unter der Bedingung, dass ihr euch sofort darum bemüht, die Ordnung wieder herzustellen. Sonst geht es wie bei bestimmten Spielen auf den Jahrmärkten: Man stößt mit einem Ball eine Dose oder einen Kegel um, die beim Umfallen eine ganze Reihe von anderen mitreißen.

Sich ständig überwachen

Jemand wird gefragt: »Woran denken Sie?« – »Ich weiß nicht.« Er hat sich niemals beobachtet, und so kreisen alle möglichen Energien in ihm, Schmutz, schreckliche Bilder und es ist ihm nicht bewusst. Wie soll er unter solchen Bedingungen auf einer soliden Grundlage arbeiten können?

In den Evangelien steht geschrieben: »Seid nüchtern und wachet! Denn euer Widersacher, der Teufel, geht umher wie ein brüllender Löwe und sucht, welchen er verschlinge« (1. Petrus 5, 8). Natürlich seht ihr weder Löwen noch Teufel auf der physischen Ebene, aber ihr werdet auf der inneren Ebene bedroht. Dort sind Wünsche, Vorhaben, Leidenschaften und Begehren, die euch vernichten wollen. Und seid ihr nicht aufgeklärt und wachsam, so zieht ihr Unglück an.

Es genügt nicht zu verhindern, dass man fällt, sich verletzt oder etwas zerbricht, man muss auch vermeiden, die Gesetze der unsichtbaren Welt zu übertreten. Auf der psychischen Ebene gibt es Mechanismen, die man auslöst, ohne es zu wissen, Wesenheiten, die man stört, Gesetze, die man übertritt; und dann bekommt man die Folgen zu spüren – man wird bestraft.

Das Allerwichtigste für einen geistigen Schüler ist also zu begreifen, dass er sich selbst beobachten, wachsam und aufmerksam sein muss, um jederzeit die Natur der Vorgänge, die in ihm ablaufen, zu erkennen: die Regungen, die Begierden, die Gedanken, die ihn durchziehen, die Einflüsse und Impulse, die er empfindet. Wenn er auf diese Weise bewusst arbeitet und ein sehr hohes Ideal nährt, verbindet er sich mit höchsten Wesenheiten und Intelligenzen, die eines Tages in ihn einziehen und ihn befähigen, schwierige Aufgaben zu übernehmen und zahlreiche Schwierigkeiten zu meistern.

Sinnvolles Ausrichten der Lebensenergien

Im großen Buch der lebendigen Natur könnt ihr nachlesen, dass es für die Entwicklung eines jeden Menschen von grundlegender Bedeutung ist, wofür er seine Energien verwendet, auf welchem Gebiet und wofür er sie ausgibt. Diese Energien wurden für ihn abgezählt, gewogen und bemessen, und er ist dafür verantwortlich. Der Himmel gab ihm diese Energien nicht, damit er sie verschwendet. Alles was er tut, wird vermerkt und aufgezeichnet. Im Buch der lebendigen Natur könnt ihr also lesen: »Selig, wer all seine Körper-, Gefühls- und Verstandeskräfte für das Wohl der Menschheit, für das Reich Gottes und seine Gerechtigkeit einsetzt.«

Wenn ihr eure Energien in Wutausbrüchen, in sexuellen Ausschweifungen, egoistischen und kriminellen Aktivitäten vergeudet, werden sie die Hölle nähren. Ja, in ihrer Unwissenheit tragen die Menschen dazu bei, die Hölle zu fördern und zu nähren. In allen Wissenschaften sind sie hervorragend unterrichtet, aber von ihrer Verantwortung, den Gebrauch ihrer Lebenskräfte betreffend, haben sie nie etwas gehört! Eine der vorrangigen Aufgaben eines geistigen Schülers ist, sich die Frage zu stellen, ob er seine Energien gerade zu einem rein egoistischen Zweck oder für ein göttliches Ziel einsetzt. Darauf kommt es an. Wie vieles könnt ihr in euch verbessern, wenn ihr euch ehrlich jeden Tag diese Frage stellt! Natürlich wird euch dies nicht sofort gelingen, aber ihr erzieht euch dadurch zu bewusstem Handeln. Andernfalls bleibt ihr dem Karma, dem Schicksal ausgeliefert. Vergesst das niemals!

In allem, was ich euch sage, gibt es einzelne Punkte, mit denen ihr euch jeden Tag beschäftigen müsst, mit anderen jedoch nur, wenn die Umstände es erlauben. Ihr könnt also viele andere Punkte ruhig beiseite lassen, nur diesen einen nie, dass man jeden Tag von euch verlangt, in jedem Augenblick ganz genau zu wissen, wie ihr eure Energien verwendet! Zumal ihr dies überall tun könnt, auf der Straße, in der U-Bahn, beim Zahnarzt, in eurer Küche, überall könnt ihr einen Blick in euer Inneres werfen und euch fragen: »Also, wenn ich dies oder jenes unternehme, was werde ich dabei einsetzen? Ist es auch wirklich nützlich?« Die Tätigkeit, für die ihr eure Energien verwendet, ist ein sehr wesentlicher Punkt, man kann es nie genug betonen.

Mit den Kräften vernünftig haushalten

Das innere wie das äußere Leben haben beide abwechselnd fruchtbare, schöpferische Tage und unfruchtbare, leere Tage, denen aufs Neue fruchtbare folgen... Wer nicht vorsorgt, handelt wie die törichten Jungfrauen* aus dem Evangelium. Fühlt

* Siehe Band 217 der Taschenbuchreihe Izvor »Ein neues Licht auf das Evangelium«, Kapitel 9: »Die fünf klugen und die fünf törichten Jungfrauen«.

er sich dann leer und ausgebeutet, so jammert er: »Ich habe alles verloren, ich habe nichts mehr, weder Begeisterung noch Freude!« Anstatt seine inneren Schätze zu verschwenden, muss man voraussehen, dass es einmal schwere Zeiten geben wird und darum Vorräte ansammeln, d.h. Kräfte sparen für diese kommenden Tage.

Wenn ihr also große Freude empfindet, so kostet sie nicht ganz aus, behaltet ein wenig von ihr zurück, sonst werdet ihr bald darauf weinen. Freut euch, aber nur bis zu einer gewissen Grenze. Beachtet ihr diese Regel nicht, so seid ihr wie ein Betrunkener, der, nach einem Glas zu viel, auf der Straße umhertorkelt. Er stößt sich an einer Mauer und spürt, dass sich ihm da ein Hindernis entgegenstellt, er weicht aus, aber ... hoppla, direkt an die Mauer von gegenüber! Und so weiter... Die beiden Mauern schicken sich den armen Betrunkenen gegenseitig zurück. Man darf nie bis ans Äußerste gehen. Ein Extrem stößt euch stets zum entgegengesetzten Extrem zurück, und immerfort zwischen beiden hin- und hergeworfen, verliert ihr eure ganze Kraft.

Das Verhältnis des Menschen zu seinen Zellen

Der esoterischen Lehre zufolge ist eine Zelle ein lebendiges Wesen, eine kleine intelligente Seele, die weiß, wie man atmet, sich ernährt, Sekrete absondert und Kräfte ausstrahlt... Schaut nur, wie die Zellen des Magens und des Gehirns, des Herzens, der Leber und der Geschlechtsorgane arbeiten: Jede hat ihr eigenes Arbeitsgebiet. Die Gesamtheit all dieser Wesen, die Summe ihres Wirkens ergibt unsere Intelligenz. Unsere Intelligenz gründet auf der Intelligenz all dieser kleinen Zellen. Wir sind von ihnen abhängig und sie von uns, zusammen bilden wir ein Ganzes. Auf physischer Ebene vermögen wir nichts ohne die

Zustimmung unserer Zellen. Wenn sie ihre Arbeit einstellen, ist das Funktionieren unseres Organismus gestört: die Ernährung, die Ausscheidung, die Atmung...

Der Mensch ist die Synthese all dieser Intelligenzen in seinem Inneren. Darum sollte er sich daran gewöhnen, seine Zellen zu besuchen, mit diesem Volk da zu sprechen. Es hört ihm zu, es wartet und steht zu seinen Diensten. Er hat es jedoch vernachlässigt, verlassen, er macht sich sogar fast lustig über es. Wenn einer zum Beispiel raucht oder übermäßig trinkt, bedrängt er diese guten Seelen, die in seiner Lunge oder seinem Herzen wohnen. Sie beklagen sich und flehen ihn an aufzuhören, aber er tut ihnen weiter Gewalt an, bis eine Krankheit ausbricht. Ihr solltet also sehr achtsam und sehr liebevoll mit eurem eigenen Volk umgehen, dann wird es, wenn einmal etwas nicht in Ordnung ist, euch durch bestimmte Zeichen wissen lassen, dass ihr Vorsichtsmaßnahmen treffen müsst. Dadurch vermeidet ihr viele Unannehmlichkeiten. Andernfalls wird euch niemand vorwarnen, und in letzter Minute, wenn nichts mehr zu machen ist, fragt ihr euch, wie es nur möglich war, dass ihr keinerlei Anzeichen gespürt habt. Behandelt ihr dagegen eure Zellen richtig, werden sie euch über kleinste Dinge informieren, weil sie euch lieben.

Wohlwollende Gedanken und gute Worte, die ihr jedem eurer Organe und Körperteile schickt, bewirken heilsame Veränderungen. Gewöhnt ihr euch daran, jeden Tag ein paar Minuten an eure Zellen zu denken und mit ihnen zu sprechen, könnt ihr eure Gesundheit verbessern.

Macht zum Beispiel folgende Übung: Legt eure Hand auf den Solarplexus und wendet euch in dieser Haltung an eure Zellen. Bittet sie, alles was in euch nicht in Ordnung ist zu heilen, dankt ihnen aber auch für ihre gewissenhafte Arbeit. Sie werden euch hören, denn der Solarplexus lenkt alle unbewusst ablaufenden Prozesse im Organismus. Die Drüsensekretion, das Wachstum, den Kreislauf, die Verdauung, die Ausscheidung, die Atmung... Auf diese Weise könnt ihr mit euren Zellen sprechen, von ihnen gehört werden, und dies in umso stärkerem Maße, je stärker euer Glaube und die Kraft eurer Gedanken sind.

Die Vergeistigung aller Aktivitäten

Viele stellen sich vor, ein spiritueller Mensch müsse sein Leben in Meditation und Gebet verbringen. Keineswegs! Jede Arbeit, auch die geistige, wird äußerst alltäglich, wenn man ihr nicht einen höheren Sinn gibt, ein hohes Ideal. Umgekehrt kann auch noch so alltägliches Tun zu geistiger Arbeit werden, wenn man es versteht, ein göttliches Element hineinzubringen. Spiritualität besteht nicht darin, jede physische, materielle Beschäftigung abzulehnen, sondern darin, alles im Hinblick auf das Licht, mit Hilfe des Lichtes und um des Lichtes willen zu tun. Spiritualität heißt, jede Arbeit nutzen, um sich innerlich zu erheben, in sich Harmonie zu schaffen und sich mit Gott zu verbinden.

Was immer ihr auch tut, macht es euch zur Gewohnheit, mehrmals am Tage, und sei es nur für eine oder zwei Minuten, mit Gott die Verbindung wieder aufzunehmen. Wichtig ist nicht die Dauer eurer inneren Sammlung, sondern die Intensität. Ihr sammelt euch auf diese Weise einen Augenblick, dann hört ihr auf, ein wenig später sammelt ihr euch aufs Neue einen Augenblick usw.

Wenn ihr euch darin übt, die Verbindung mit Gott immer wieder herzustellen, wird euch alles, was ihr unternehmt, weit besser gelingen als zuvor. Wenn man sich vor jeder Arbeit, jeder Beschäftigung mit Gott verbindet, wird alles Tun vom Siegel des Ewigen geprägt. Ihr solltet euch also fortwährend mit ihm verbinden, wo ihr auch seid, denn dadurch werden all eure Tätigkeiten von himmlischen Einflüssen durchdrungen.

Macht folgende Übung: Sprecht zu jeder vollen Stunde die Formel: »Gelobt seist Du, o Herr!« und lenkt eure Gedanken auf Gott. Übt dies zunächst 12 Mal am Tag und richtet euch dabei nach eurer Uhr. Nach einiger Zeit, wenn euch dies zur Gewohnheit geworden ist, wird diese Formel für euch so kostbar, dass nichts diese Freude beschreiben kann, die sie euch bereitet.

Beim Gehen sagt abwechselnd beim Schritt mit dem rechten Bein: Weisheit, beim Schritt mit dem linken Bein: Liebe, und so fort: Weisheit... Liebe... Weisheit... Liebe...

Wenn ihr Geschirr spült, fegt usw., könnt ihr sagen: »Herr, so wie ich diese Teller wasche, wasche auch meine Seele... So wie ich diesen Boden rein fege, so reinige auch mein Herz von allem Unreinen!« usw.

Welches auch immer eure Aufgabe sein mag, die ihr erfüllt, ihr könnt euch stets mit der Liebe, der Weisheit und der Wahrheit verbinden, damit diese Prinzipien an eurem Tun teilhaben und es beseelen.

Beim Essen könnt ihr z.B. sagen: »Ich esse den ersten Bissen für die Liebe, den zweiten für die Weisheit, den dritten für die Wahrheit...«

Zieht ihr euch am Morgen an, so sagt bei jedem Kleidungsstück, das ihr anzieht: »Für die Liebe... für die Weisheit... für die Wahrheit...« Es schadet auch nichts, hinzuzufügen: »Für die Reinheit... für die Gerechtigkeit... für die Schönheit...«

Wenn euer Denken mit diesen Tugenden ausgefüllt ist, löst ihr wunderbare Kräfte aus, die sich dann an die Arbeit machen.

Wenn ihr eine Mahlzeit zubereitet, sind eure Gesten von magischer Kraft. Bei der Zubereitung könnt ihr sagen: »Ich füge die Liebe, die Weisheit, die Wahrheit mit hinein.« Und wer dann diese Mahlzeit isst, wird von Licht erfüllt sein.

Wenn ihr Gegenstände berührt oder beiseite rückt, so tut dies so, als wäre euer ganzer Körper ein Singen und Tanzen, und ihr werdet sehen, wie euch die Harmonie eurer Gesten den ganzen Tag begleiten wird. Die Leute stoßen mit ihren Füßen gegen die Möbel, schlagen die Türen zu, werfen die Stühle um, ohne zu merken, dass die Art und Weise, wie sie etwas machen, sie in den entsprechenden Zustand versetzt. Versucht es doch einmal. An einem Tag, an dem ihr aufgebracht und nervös seid, sagt euch: »Aha, es ist Zeit, ein paar Übungen zu machen!« Nehmt dann einen Gegenstand in die Hand, streichelt ihn ganz sachte und behutsam – und ihr werdet spüren, dass ihr etwas in euch verwandelt, dass ihr die Strömungen in euch verändert.

Die Bedeutung der Harmonie

Meditiert jeden Tag über die Harmonie, liebt sie, wünscht sie euch herbei, um all eure Gesten, Blicke und Worte damit zu erfüllen. Denkt morgens beim Aufwachen daran, den Tag damit zu beginnen, dass ihr euch mit der Welt der universellen Harmonie verbindet. Wenn ihr ein Haus betretet, sollte euer erster Gedanke sein: »Mögen Harmonie und Frieden in diesem Haus herrschen!«

Erfüllt euch ständig mit dem Wort Harmonie, bewahrt es in euch wie eine Art Stimmgabel und sobald ihr euch ein bisschen unruhig oder betrübt fühlt, nehmt diese Stimmgabel, lauscht ihrem Ton und unternehmt nichts, bevor ihr nicht aufs Neue euer ganzes Sein in Einklang gebracht habt. Die Harmonie ist die Basis aller Erfolge, aller göttlichen Schöpfungen.

Bevor ihr irgendetwas unternehmt, lernt euch zuerst auf die Harmonie zu konzentrieren, dann könnt ihr Arbeiten vollbringen, die Ergebnisse für alle Ewigkeit bringen.

Lernt danken

Die Menschen sind undankbar gegenüber dem Schöpfer, undankbar gegenüber der ganzen Natur und selbst undankbar untereinander. Sie wissen nicht, dass Dankbarkeit und Erkenntlichkeit unerkannte Kräfte sind, die den Organismus entgiften und die Gifte neutralisieren.

Macht folgende Übung: Versucht zum Beispiel, den ganzen Tag zu danken. Jawohl, wiederholt den ganzen Tag immerzu: »Danke... danke... danke... danke...« Ihr werdet sagen: »Dabei verlieren wir doch nur unsere Zeit!« Ganz im Gegenteil! Gerade dann werdet ihr sie gewinnen.

Die erste Aufgabe eines Schülers, der sich vervollkommnen will, ist Dankbarkeit zu lernen. Denn dadurch erlangt er eines Tages den Schlüssel zur Verwandlung der Materie, seiner eigenen Materie.

Der Abend

Der Morgen ist mit dem vorhergehenden Abend verbunden; der Abend mit dem Morgen, der auf ihn folgt. Jeder dieser Momente muss vorbereitet werden. Es ist sehr wichtig, abends beim Schlafengehen nicht irgendwie in die andere Welt hinüberzugehen, denn man tritt dort vor sehr hohe, lichtvolle Wesen. Darum müsst ihr euch reinigen, säubern und euch auf diese Reise vorbereiten.

Das Waschen am Abend

Vor dem Zubettgehen solltet ihr euch natürlich waschen, jedoch das Gesicht aussparen, da ihr sonst das schützende Fluidum entfernt und entmagnetisiert werdet. Falls ihr eine stark schmutzende Arbeit getan habt, wischt euch das Gesicht mit einem feuchten Waschlappen ab, vermeidet jedoch zu viel Wasser beim Waschen. Wascht euren Körper, die Hände und Füße, aber nicht das Gesicht.

Was die Füße betrifft, ist es sogar empfehlenswert, sie jeden Abend so heiß zu waschen, wie ihr es ertragen könnt, denn ein Fußbad hat einen wohltuenden Einfluss auf den Solarplexus. Es ist nicht nötig, die Füße dabei lange Zeit im Wasser zu lassen, nur tut dies ganz bewusst. Sprecht sogar mit ihnen während ihr sie wascht. Ihr könnt folgendermaßen mit ihnen reden: »Meine lieben Füße, ich habe noch nie auf euch geachtet, ihr tragt mein ganzes Gewicht und bringt mich überall hin, wo ich möchte. Ich begreife jetzt all die Dienste, die ihr mir leistet. Von nun an werde ich euch für eure Demut und Geduld dankbarer sein.«

Die Vorbereitung auf den Schlaf

1. Die Bedeutung des letzten Augenblicks vor dem Einschlafen

Ein geistiger Schüler achtet auf die innere Verfassung vor dem Einschlafen, denn die Nacht bestimmt den folgenden Tag. Vor dem Schlafengehen verbindet er sich mit der unsichtbaren Welt, er lässt alles beiseite, was ihn im Laufe des Tages beunruhigte: Sorgen, Ängste und allen Kummer... Er denkt an die Fehler, die er möglicherweise gemacht hat, um sie in der Nacht wiedergutzumachen. Dann überlässt er sich dem Engel des Todes, so heißt in der Kabbala der Engel des Schlafes, denn jedes Einschlafen ist ein Sterben und jedes Erwachen ein Auferstehen.

Einschlafen, seinen physischen Körper verlassen, um in eine andere Welt zu gehen, ist eine Übung, die wir täglich praktizieren, um uns auf den Tag vorzubereiten, an dem wir dann tatsächlich ins Jenseits gehen müssen. Wer nicht richtig einzuschlafen versteht, wird auch das Sterben nicht besser können. Zwischen Einschlafen und Sterben besteht keinerlei Unterschied, es sei denn der, dass man beim Sterben seine Behausung endgültig verlässt. Im Schlaf verlässt man sie zwar auch, doch bleibt ein Band bestehen, das uns mit dieser Behausung verknüpft.

Nehmen wir einmal an, ihr habt heute einen glücklichen, zufriedenen Tag erlebt. Und plötzlich überkommen euch beim Einschlafen traurige und entmutigende Gedanken, ohne dass ihr wisst warum. Am nächsten Morgen stellt ihr beim Erwachen erstaunt fest, dass euch von all dem am Vortage erlebten Glück nichts geblieben und stattdessen sogar ein unangenehmes Gefühl da ist. Ihr könnt daraus schließen, dass der letzte Moment vor dem Einschlafen wichtiger und bedeutsamer war als der ganze Tag. Nehmen wir einmal das Gegenteil an. Ihr habt einen schlechten Tag verbracht. Bevor ihr euch dem Schlaf überlasst, gelingt es euch, durch Gebete und gute Gedanken, friedlich einzuschlafen. Diese letzten Augenblicke säubern euch von allem und reinigen euch so sehr, dass ihr am nächsten Morgen voller guter Absichten und Pläne erwacht.

Im Menschen wohnen Arbeiter, die all das verwenden, was er an der Grenze zwischen Wachsein und Schlaf gedacht hat, denn Gedanken setzen Kräfte in Gang. Darum seht euch vor, schlaft nicht mit üblen Gedanken ein, denn sie vernichten alles Gute, das ihr im Lauf des Tages erworben habt. Schlaft ihr hingegen mit positiven Gedanken ein, verbessern diese alles in euch, und ihr werdet überrascht sein, in welch friedlichem und lichtvollem Zustand ihr am anderen Morgen erwacht.

Natürlich dürft ihr trotzdem nicht denken, es sei gleichgültig, wie ihr den Tag verbringt, vorausgesetzt ihr sprecht ein Gebet vor dem Einschlafen oder ihr könntet im Augenblick des Sterbens alle schlechten Taten löschen, die ihr in eurem Leben begangen habt. Nein, denn ein solches Handeln sichert euch die ständige Gegenwart aller Teufel! Dennoch ist es ungemein wichtig, dass es euch gelingt, vor dem Einschlafen ruhig und ausgeglichen zu werden und euch innerlich zu reinigen.

Träumt man nachts von sträflichen Dingen, die man in wachem Zustand nie tun würde, so hat man sich auf den Schlaf nicht gut vorbereitet. Vor dem Einschlafen muss man sich wie auf eine heilige Reise vorbereiten, die früher oder später Früchte trägt. In der Kabbala heißt es, wenn der Mensch einschläft, haftet sich ein unreiner Geist an seinen physischen Körper, der allerlei Wunschbilder und Verlangen in ihm weckt... Dieser unreine Geist will den physischen Körper an sich reißen, weil dieser einen großen Energievorrat besitzt. Um euch gegen diesen unreinen Geist zu verteidigen, bittet den Himmel, euch einen Engel zu senden, der euch vor diesem Geist schützt und zur Schule des Herrn führt, wo ihr in der Liebe und Weisheit unterrichtet werdet. Dann steht euch während der Nacht immer ein Wächter zur Seite, der euren Körper umgibt, um zu verhindern, dass böse Geister von ihm Besitz ergreifen.

Lasst euch am Abend vor dem Einschlafen von einem guten Gedanken durchdringen und lasst diesen guten Gedanken die Nacht über in euch arbeiten. Legt euch nie mit negativen Gedanken im Kopf schlafen, denn sie würden in eurem Unterbewusstsein Schaden anrichten.

Angenommen es befallen euch vor dem Einschlafen Ängste, dann bleibt nicht im Bett liegen, steht auf und schaltet das Licht an; macht ein paar Atemübungen, sprecht ein Gebet oder lest eine Seite in einem Buch voller erhabener Gedanken und legt euch dann wieder schlafen. Wiederholt sich dieser Zustand erneut, so steht wieder auf und macht das Gleiche noch einmal. Auf alle Fälle könnt ihr nicht wirkungsvoll kämpfen, wenn ihr liegen bleibt. Ihr meint, ihr würdet euch erkälten, wenn ihr vom Bett aufsteht und könnt im Liegen genauso mit den Gedanken kämpfen und braucht dabei das warme Bett nicht zu verlassen. Nein, man kann sich nur verteidigen, wenn man außergewöhnlich stark ist. In der horizontalen Lage ist man passiver und darum auch weniger stark. In aufrechter Haltung hat man dagegen mehr Möglichkeiten und Kräfte zum Handeln.

2. Übungen und Gebete

Meister Peter Danov gab eine Formel, die man beim Schlafengehen spricht; man legt dabei die rechte Handfläche auf den Solarplexus und den linken Handrücken ebenfalls in Höhe des Solarplexus auf den Rücken. Die Formel lautet folgendermaßen:

Gott ist in mir das Licht,
die Engel sind die Wärme,
die Menschen sind die Güte.
(3 Mal)

Gott ist in mir das Licht,
mein Geist ist die Wärme
ich bin die Güte.
(3 Mal)

Wer das möchte, kann sie in bulgarischer Sprache lernen:

Gospod wəv* mene e swetlina,
angelite sə toplina,
Tschelowetsite sə dobrina.
(3 Mal)

Gospod wəv mene e swetlina,
duchət mi e toplina
as səm dobrina.
(3 Mal)

* In der bulgarischen Sprache gibt es einen Buchstaben, für den die deutsche Sprache keine Schreibweise kennt. Wir haben deshalb ersatzweise das Zeichen ə eingesetzt. Der Laut wird wie das englische Wort »a« gesprochen (a house, a flower, a tree).

Ihr könnt auch sagen: »Mein Gott, erlaube mir, heute Abend in Deine Schule der Liebe, der Weisheit und der Wahrheit zu gehen, damit ich lerne, Deinem Werk besser zu dienen, damit Dein Reich und Deine Gerechtigkeit auf die Erde komme.«

Daraufhin verbleibt ihr einige Minuten in innerer Versenkung, zeichnet dann mit der rechten Hand ein Pentagramm in die Luft und legt euch schlafen.

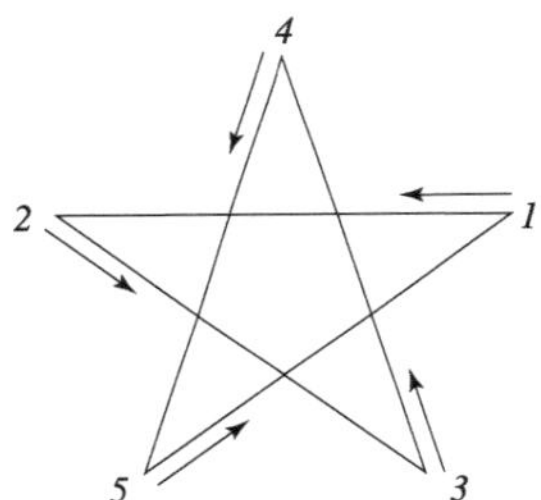

3. Schlafrichtung und Schlafstellung

Sehr wichtig ist auch die Schlafstellung. Zunächst einmal sollte man den Kopf in Richtung Norden oder Osten legen. Außerdem ist es empfehlenswert, weder in Bauch- noch in Rückenlage zu schlafen, da sich sonst Schlacken an der Wirbelsäule ablagern. Ebenso vermeide man, auf der linken Seite zu schlafen, wegen des Herzens. Die beste Lage ist auf der rechten Seite, weil sich die Schadstoffe in der Leber ansammeln, die ja gerade die Aufgabe hat, sie abzubauen. Im Laufe der Nacht kann man dann seine Position ändern, aber zum Einschlafen ist es ratsam, sich auf die rechte Seite zu legen.

4. Schlaflosigkeit

Anstatt stundenlang gegen Schlaflosigkeit zu kämpfen, indem ihr euch zwingt, die Augen geschlossen zu halten, um endlich einzuschlafen, redet euch ein, ihr hättet beschlossen wach zu bleiben. Steht auf, macht euch an eine Arbeit und bleibt dabei, bis sich alle Unruhe in euch gelegt hat.

Ihr könnt aber auch im Bett liegen bleiben, aber die Augen offen lassen und in die Dunkelheit schauen, fest entschlossen, die ganze Nacht auf diese Weise hellwach zu verbringen. Bald darauf werdet ihr merken, dass ihr dabei seid einzuschlummern. Macht dann sofort die Augen wieder auf und versucht, sie offen zu halten. Unverzüglich wird der Schlaf euch übermannen. Versucht ihr hingegen einzuschlafen, indem ihr krampfhaft die Augen geschlossen haltet, ist all eure Mühe umsonst.

Andere Methoden:

- Warmes Wasser trinken,
- den Solarplexus gegen den Uhrzeigersinn massieren.

5. Die eigentliche Bedeutung des Schlafes für den geistigen Schüler

Der wahre Schüler verlässt während des Schlafes seinen Körper und begibt sich zu seinem Meister, um sich in dessen Nähe weiterzubilden. Er liest in den geheimsten Büchern der Weltarchive, wohnt herrlichen Zeremonien bei, an die er sich manchmal erinnert, obwohl das menschliche Gehirn auf Erinnerungen dieser Art noch nicht vorbereitet ist; diese Erinnerungen versetzen das Herz in eine so sanfte und ruhige Stimmung, dass er sich beim Aufwachen fragt: »Wo war ich denn nur vergangene Nacht? Was ich sah, war so unbeschreiblich schön!« Das Schlafen wird zu einem heiligen Akt, wenn man mit der Absicht einschläft, in der jenseitigen Welt zu lernen und zu forschen, denn dort wird dem Menschen die wahre Einweihung zuteil.

Kapitel 3

Die Ernährung

Morgens, mittags und abends muss jeder ans Essen denken, damit er Leben und Gesundheit aufrechterhält. Aber nur die Eingeweihten haben sich seit langem schon mit dieser wesentlichen Frage befasst. Sie haben die Ernährung von den verschiedensten Blickpunkten aus erforscht, die den meisten Menschen nicht bekannt sind, weshalb ihnen allerhand Unannehmlichkeiten entstehen.

Die Bedeutung der inneren Einstellung

Bevor ihr eure Mahlzeit einnehmt, wascht euch immer die Hände. Versucht euch dann in einen Zustand der Ruhe und des Friedens zu bringen, in dem Bewusstsein, dass ihr Elemente empfangen werdet, die im großen Labor der Natur bereitet wurden. Sammelt euch, verbindet euch in Gedanken mit dem Schöpfer, sprecht ein kurzes Gebet, und in diesem Frieden und dieser Stille beginnt ihr jenen Vorgang der höchsten weißen Magie – die Ernährung.

Die Aufgabe des Kauens

Die Speisen müssen so gründlich wie möglich gekaut werden, bis sie fast im Munde zergehen und man sie kaum noch zu schlucken braucht. Der Mund, der die Nahrung als Erster empfängt, ist das bedeutsamste und zugleich geistigste Laboratorium. Der Magen kommt erst an zweiter Stelle. In der Mundhöhle vollziehen sich die subtilsten Verdauungsvorgänge, denn durch sie werden die ätherischen Teilchen aufgenommen. Die grobstofflichen Elemente werden anschließend dem Magen zugeführt. Übrigens, der Mensch fühlt sich, noch bevor die Nahrung geschluckt, verdaut und den verschiedenen Organen zugeteilt wurde, bereits gestärkt. Das beweist, dass der Mund die ätherischen Elemente, die das Nervensystem nähren, schon absorbiert hat, bevor der Magen die Nahrung erhält.

Die Versorgung der feinstofflichen Körper

Sich ernähren heißt, der Nahrung bewusst die zum Aufbau des Körpers notwendigen Grundstoffe entnehmen. Da aber der Mensch nicht nur aus einem grobstofflichen, sondern auch noch aus feinstofflichen Körpern besteht, stellt sich nun die Frage, wie diese feinstofflichen Körper ernährt werden sollen, die häufig aus Unwissenheit unterernährt sind. Die Menschen wissen zwar ungefähr, welche Nahrung ihr physischer Körper braucht, wissen aber nicht, wie sie die anderen Körper ernähren sollen, den Ätherkörper (oder Vitalkörper), den Astralkörper (Sitz der Gefühle) und den Mentalkörper (Sitz der Gedanken).

1. Der Ätherkörper

Die Speisen sollten gründlich gekaut werden; aber das Kauen dient nur dem physischen Körper. Damit es auch dem Ätherkörper nützt, muss bewusstes Atmen hinzukommen. Also haltet beim Essen von Zeit zu Zeit inne und atmet tief ein, damit der Ätherkörper der Nahrung die feinstofflichen Teilchen entziehen kann. Nur tiefes Atmen macht diesen Prozess möglich. Wird jedoch beim Essen geredet, diskutiert und die Mahlzeit dabei schnell und gedankenlos verschlungen, so ist der richtige Atemrhythmus gestört und der physikalisch-chemische Vorgang verläuft nicht ordnungsgemäß. Es entstehen daraus ein Völlegefühl sowie Verdauungsbeschwerden, was beweist, dass man nicht richtig gegessen hat. Damit der Ätherkörper genährt wird, muss man auch schweigend essen.

2. Der Astralkörper

Da der Astralkörper seine Kraft aus Gefühlen und Empfindungen schöpft, die aus noch feineren und edleren Stoffen bestehen als die ätherischen Teilchen, kann man ihn stärken, indem man ein Gefühl der Liebe und Dankbarkeit empfindet für die Nahrung, die in den Werkstätten des Herrn zubereitet wurde.

Wenn der Astralkörper diese Elemente aufgenommen hat, ist es ihm möglich, Gefühle von sehr hoher Qualität wachzurufen: Liebe für alle Menschen, das Gefühl glücklich und in Frieden und Harmonie mit der Natur zu sein.

Wenn euer Astralkörper seine Nahrung bekommen hat, empfindet ihr ein großes Wohlgefühl, ihr fühlt euch großmütig, und wenn ihr dann wichtige Angelegenheiten zu erledigen habt, zeigt ihr euch großzügig, geduldig und macht bereitwillig Zugeständnisse. Wurde dem Astralkörper seine Nahrung dagegen vorenthalten, weil ihr euch beim Essen geärgert, die anderen kritisiert habt und beleidigt seid, so handelt ihr danach verbittert, gereizt und voreingenommen. Treten schwierige Probleme auf, werdet ihr stets negativ und ungerecht urteilen. Dann rechtfertigt ihr euch: »Was kann ich dafür? Es ist nicht meine Schuld, ich bin eben nervös.« Und um euch zu beruhigen, kauft ihr Medikamente in der Apotheke, seid aber weiterhin genauso aufgeregt, solange ihr nicht wisst, wie ungeheuer wichtig für das körperliche und seelische Gleichgewicht die Art und Weise der Nahrungsaufnahme ist.

3. Der Mentalkörper

Um seinen Mentalkörper zu nähren, konzentriert sich der Schüler auf die Nahrung, schließt dabei die Augen und schaut auch nicht auf die Nachbarn, um sich besser zu konzentrieren. Er weiß, dass die Nahrung ein Liebesbrief des Schöpfers ist, und er versucht ihn in seinem Innern zu lesen. Sie ist für ihn eine Offenbarung des Göttlichen, und er bemüht sich, über all ihre Gesichtspunkte nachzudenken. Er fragt sich, woher sie kommt, was sie enthält, welche Eigenschaften ihr entsprechen und welche Wesen an ihrem Wachstum beteiligt waren. Denn der Schüler weiß, dass Wesen an jeder Pflanze, jeder Frucht arbeiten, und dass ihr Wachstum und ihre Reifung zu einem bestimmten Zeitpunkt auf planetarischen Einflüssen beruhen. Mit all diesen Betrachtungen ist sein Geist beschäftigt, und er ist in tiefer Meditation. Auf diese Weise ernährt sich sein Mentalkörper und gewinnt aus der Nahrung Elemente, die über denen der Astralebene stehen. Dadurch erwacht in ihm eine Verstandesschärfe und Klarheit, eine tiefe Einsicht in alle Zusammenhänge des Lebens und der Welt. Nach einer Mahlzeit, die unter solchen Bedingungen eingenommen wurde, erhebt er sich vom Tisch mit einem so hellen und lichten Denken, dass er hervorragende intellektuelle Leistungen vollbringen kann.

4. Der Kausal-, der Buddhi- und der Atmankörper

Der Mensch hat außer dem Äther-, Astral- und Mentalkörper noch andere, feinstofflichere Körper: den Kausalkörper, den Buddhi- und den Atmankörper, die ebenfalls genährt werden müssen. Und wie? Nachdem er tief geatmet, die Nahrung liebevoll aufgenommen und sich in Gedanken mit ihr beschäftigt hat, überlässt sich der Eingeweihte einem Gefühl der Dankbarkeit dem Schöpfer gegenüber. Dank dieser Nahrung vermag er sogar ein wahres Einswerden mit Gott zu vollbringen. So ernährt er seine drei höheren Körper und erlebt Entzückung, Ekstasen.

Esst euch nicht ganz satt

Ihr wisst alle, dass man nicht übermäßig essen soll. Ja, es gibt nichts Schlimmeres, als übersättigt und vollgegessen den Tisch zu verlassen, denn man wird schwerfällig und träge. Aber ihr wisst sicherlich nicht, dass Hunger das Leben verlängert, stärkt und verbessert. Wenn ihr den Tisch mit einem leichten Hungergefühl verlasst, gebt ihr dem Ätherkörper einen Impuls. Er wird dann versuchen, andere Elemente aus der Atmosphäre anzuziehen und sie aufzufangen. Nennt diese Elemente wenn ihr wollt Vitamine oder ätherische Hormone... Der Ätherkörper findet diese Stoffe und nimmt sie so gründlich auf, dass ihr einige Minuten danach nicht nur keinerlei Hunger mehr verspürt, sondern euch auch leichter, beschwingter und tatkräftiger fühlt. Esst ihr hingegen über den Hunger, nur aus Lust am Essen (wie es viele Leute bei Geselligkeiten und Festessen tun), so fühlt ihr euch bald schwer und arbeitsunfähig.

Esst ihr zu viel, überlastet ihr dadurch den Organismus, euer Ätherkörper ermüdet und wird überfordert und in seinen Funktionen behindert. Und schon kommen alle unerwünschten Wesenheiten der Astralebene, die dieses überreichliche Nahrungsangebot ausgebreitet sehen, eilends herbei, um an dem Festschmaus teilzunehmen. Deshalb fühlt ihr wenig später wieder eine Leere und das Verlangen, wieder etwas zu essen, um diese zu füllen... Davon aber werden auch die Unerwünschten wieder angelockt... Und so werdet ihr zum vielbegehrten Köder dieser Ausgehungerten der niederen Astralebene, die sich auf eure Kosten gütlich tun. Das ganze Universum ist bevölkert von

Wesenheiten aller Art, die von Eingeweihten in bestimmte Klassen eingeteilt wurden. Sie mischen sich häufig in das Leben der Menschen ein. Damit erklären sich eine Reihe außergewöhnlicher Phänomene und Vorkommnisse, die den zeitgenössischen Wissenschaftlern unerklärlich bleiben. Um nicht zur Beute der Unerwünschten zu werden, darf man weder das Maß überschreiten noch allzu reichliche Mahlzeiten einnehmen.

Vom Sinn des Segnens

Beobachtet euch beim Essen, und ihr könnt feststellen, welchen Reifegrad ihr erreicht habt. Habt ihr keine Achtung vor der Nahrung, die Gott euch sandte, wem gegenüber werdet ihr sie dann haben? Nur wenn ihr die Nahrung achtet, werdet ihr auch die Worte Jesu verstehen: »Esset, das ist mein Leib; trinket, das ist mein Blut...«, und »Wer meinen Leib isst und mein Blut trinkt, der wird das ewige Leben haben.«* Die Nahrung ist vom Schöpfer bereits gesegnet und geweiht und der Beweis ist, dass sie uns am Leben erhält. Die Nahrung beinhaltet Gott in Form von Leben. Glaubt nicht, dass diese Nahrung die Segnung der Menschen braucht, um Leben zu spenden, nein, bevor Menschen die Nahrung segnen, hat der Himmel sie bereits gesegnet. Gott ist das Leben, und wenn die Nahrung uns belebt, dann nur, weil Gott in ihr ist.

Ihr werdet sagen: »Soll man die Nahrung also vor der Mahlzeit nicht segnen?« Doch, man soll sie segnen, aber erst müsst ihr wissen, was eine Segnung eigentlich ist und wozu sie dient. Eine Segnung ist eine Art Zeremonie, ein magischer Ritus. Durch die Worte, Gesten und Gedanken der Person, die den Segen spricht, wird die Nahrung von Strahlungen und Kraftströmen

* Siehe Band 1 der Reihe Gesamtwerke »Das geistige Erwachen«, Kapitel 5: »Der Mund kündet von der Liebe«.

durchzogen, getränkt und umhüllt, welche sie harmonisch auf jene Menschen einstimmen, die sie zu sich nehmen sollen. Damit wird eine Beziehung hergestellt, eine Anpassung an die Ebene der feinstofflichen Körper, und der Mensch wird dadurch fähig, die in dieser Nahrung enthaltenen, kostbaren Nährstoffe besser aufzunehmen. Allerdings hat die menschliche Segnung begrenzte Wirkung. Wäre es so leicht, durch eine einfache menschliche Segnung göttliches Leben zu übermitteln, könnte man ja ein Stück Holz oder Metall oder einen Stein segnen und diese essen. Segnet man Steine, Holz oder Metalle, so wird ihnen wohl bis zu einem gewissen Grad Leben vermittelt, aber dieses Leben kann die Menschen nicht ernähren. Es mag andere Auswirkungen auf sie haben, jedoch nähren kann es sie nicht.

Die Nahrung spendet dem Menschen nur deshalb Lebenskraft, weil ihr bereits Leben innewohnt, das ihr vom Schöpfer eingegeben wurde. Es muss lediglich durch unseren Segen und besonders unsere Anerkennung verstärkt, erweckt und erwärmt werden. Man isst, um das Leben, welches Gott, oder sagen wir, die Natur in die Nahrung legte, in sich aufzunehmen. Eine Mahlzeit ist wie eine Empfängnis. Christus schenkt uns über die Nahrung das Leben. Sind wir uns beim Essen der Tatsache bewusst, dass wir den Leib und das Blut Christi in uns aufnehmen, so kommen wir in Kontakt mit Seinem Geist.

Es mag sein, dass ihr die Ernährung noch nie so gesehen habt. Ihr müsst jedoch wissen, dass die Menschen der nun kommenden neuen Rasse in diesen Verhaltensweisen unterrichtet werden. Es wird ihnen offenbart werden, dass die Ernährung kein so einfacher, gewöhnlicher und unbedeutender Prozess ist wie sie meinten, sondern dass Gott in diese tägliche Handlung des Essens die Möglichkeit legte, eine seelische Arbeit von allerhöchster Bedeutung zu leisten. Sie werden verstehen, dass die Ernährung für sie ein Mittel zur Vervollkommnung sein kann.

Kapitel 4

Das Verhalten

Die magische Kraft der Gesten

Der Mensch besteht aus verschiedenen Körpern, die feinstofflicher sind als der physische Körper, und dank dieser feinstofflichen Körper kann er mit zahlreichen Kräften, Intelligenzen und Wesenheiten im Universum in Verbindung treten. Diese Kräfte und Intelligenzen äußern sich häufig durch ihn in Form von Gesten, Bewegungen und Mimik, und umgekehrt kann der Mensch mittels Gesten, verschiedenen Haltungen, bewusst oder unbewusst mit diesen Kräften und Wesen in Kontakt treten.

Die Magie ist die Wissenschaft der Gesten. Der Schüler soll darum auch jede Bewegung bewusst ausführen, darauf achten, dass er, sei es beim Sprechen, Gehen oder Arbeiten, keinerlei unnötige oder ungute Bewegungen macht, da sich sonst auf geistiger Ebene schwerwiegende Folgen daraus ergeben. Jeder Geste wohnt eine Kraft inne, die auf den verschiedenen Ebenen wirkt; sie entspricht bestimmten Strömungen, Farben, Schwingungen und berührt unzählige Wesen um uns herum. Jede von ihnen öffnet oder verschließt uns bestimmte Pforten der Natur und verbindet uns mit guten oder bösen Mächten. Wenn wir auf dem Pfad der Liebe, der Weisheit und der Wahrheit vorankommen wollen, so müssen wir unsere Gesten studieren und uns fragen, ob sie diese drei Tugenden in uns ausdrücken.

Der Gang

Es ist sehr wichtig, dass ihr darauf achtet, wie ihr geht. Ihr sollt leicht und beschwingt gehen und den Kopf gerade halten. Eine gebeugte Haltung beim Gehen, mit gesenktem Blick, ist ein schlechtes Zeichen, ebenso auch das harte Aufschlagen der Absätze bei jedem Schritt. Wer so geht weiß nicht, dass er sein Gehirn tödlichen Schlägen aussetzt. Nach ein paar Jahren wird sein Nervensystem zerrüttet sein, und in seiner Art zu denken und zu handeln wird sich Grobheit und Gewalt äußern.

Geht ihr auf eine längere Wanderung, dann solltet ihr nichts in den Händen tragen. Nehmt alles, was ihr wollt auf dem Rücken mit, aber lasst eure Hände frei. Redet nicht, singt nicht, sondern sucht einen Rhythmus, der mit eurer Atmung übereinstimmt und schwingt eure Arme beim Gehen. Es ist so, als würden die Arme euch helfen vorwärtszukommen. Dank dieser Armbewegung und der rhythmischen Atmung könnt ihr lange Zeit wandern, ohne zu ermüden.

Natürlich ist es auch wichtig, einen Gedanken im Kopf zu haben. Wenn ihr durch einen Wald geht, könnt ihr denken: »Mögen alle, die durch diesen Wald gehen, von Liebe und Brüderlichkeit berührt werden, zu einer besseren Gesinnung finden, Kinder Gottes werden und für den Frieden tätig sein.« Macht ihr einen Ausflug in die Berge, denkt daran, dass ihr auf den Höhen das Licht findet, euch dem Himmel näher fühlt und dass ihr geläutert, verwandelt von dort zurückkehren werdet.

Die Hände

Die Gewohnheit, beim Sprechen zu gestikulieren, ist weit verbreitet. Man ist manchmal entsetzt, wenn man mit Menschen zu tun hat, die fortwährend in chaotischer Weise mit den Händen herumfuchteln, nervös an Gegenständen hantieren, an ihren Haaren zupfen oder an den Knöpfen ihrer Kleidung drehen. Man kann ihnen nicht zuhören und nach einigen Minuten Unterhaltung ist man erschöpft.

Man muss seine Hände erziehen und lernen, sie zu gebrauchen, um auf sich selbst und andere einzuwirken. Es gibt dafür zahlreiche Übungen, die man machen kann.

1. Übungen

1. Streichelt mit der Innenfläche der rechten Hand behutsam den Handrücken der linken Hand, fast ohne ihn zu berühren.
2. Streichelt mit den Fingerspitzen von Daumen, Zeige- und Mittelfinger der rechten Hand nacheinander alle Finger der linken Hand, angefangen beim Daumen.
3. Öffnet eure rechte Hand, richtet eure Aufmerksamkeit auf ihre Mitte, schließt sodann bewusst, langsam und sehr behutsam wieder die Finger, indem ihr euch mit äußerster Sammlung auf diese Bewegung konzentriert bis ihr die Hand zur Faust geschlossen habt... Haltet einen Augenblick inne und projiziert eure ganze Kraft in die geschlossene Faust, lockert sodann ganz langsam wieder die Finger... Macht diese Übung sehr aufmerksam. Einmal genügt. Ihr werdet davon nicht stärker, wenn ihr sie zwanzigmal nacheinander wiederholt. Führt sie jedoch täglich richtig aus.

Zählt nicht auf schwierige, eindrucksvolle Übungen. Das Geheimnis der Kraft liegt in den kleinen Übungen verborgen, merkt euch dies ein für alle Mal. Jeder Finger empfängt verschiedenartige Strömungen und Wellen und leitet sie weiter. Sie sind Antennen. Die Eingeweihten verstehen es, ihre Finger zu verwenden, um kosmische Strahlen aufzufangen. Auf diese Weise gelingt es ihnen, sich und andere Menschen zu reinigen und zu heilen.

An den Händen sammeln sich viele Unreinheiten an, darum sollte man sie häufig waschen, damit sie einwandfrei als Antennen funktionieren können. Aber materielles Wasser, um eure materiellen Hände von allem reinzuwaschen, genügt nicht. Darum lasst so oft wie möglich in eurer Vorstellung geistiges Wasser, einen Strom von reinstem Licht und leuchtendsten Farben fließen, in das ihr eure Hände so lange wie möglich eintaucht.

2. Der Händedruck

Im täglichen Umgang mit Menschen ist auch der Händedruck eine wichtige Geste. Man darf einander die Hand nur einmal geben, auf keinen Fall zwei- oder gar dreimal hintereinander. Weshalb? Weil man einander beim ersten Mal etwas gibt und es sich beim zweiten Mal wieder nimmt. Beim ersten Händedruck tauscht man etwas Feinstoffliches aus, beim zweiten sind diese Strömungen schon viel dichter, materieller, und beim dritten und vierten wechselt man nur noch den Bodensatz. Zu Beginn kostet man rein Geistiges, aber dann nähert man sich mehr und mehr dem Schlamm und Moder, den Schlacken. Man mag einwenden, dies hänge von bestimmten Fällen ab. Ja, aber im Allgemeinen gilt diese Regel.

Wenn ihr jemandem die Hand gebt, tut dies bewusst und mit viel Liebe. Denkt ihr dabei an etwas anderes, ist es besser, ihm erst gar nicht die Hand zu geben.

3. Der Gruß

Die Magier wissen sich ihrer Hände zu bedienen, um Energien aus dem Raum aufzunehmen, aber auch um sie zu projizieren, sie auszurichten, zu lenken, zu verstärken oder zu verringern. Wir grüßen mehrmals am Tag mit einer Geste der Hand. Diese Geste ist äußerst bedeutsam und wirkungsvoll, jedoch unter der Bedingung, dass ihr sie bewusst ausführt, viel Liebe in euren Blick, in eure Hand legt, und dass ihr diese Liebe für das Wohl der ganzen Welt aussendet. Der Gruß muss eine wahre Kommunion sein, er muss kraftvoll, harmonisch und lebendig sein.

Der Blick

Die Augen sind eigentlich ein passives, aufnehmendes Organ. Es ist jedoch möglich, mit den Augen nicht nur aufzunehmen, sondern auch zu geben. Ja, mit dem Blick kann man etwas ausstrahlen, aktiv sein, d.h. sprechen, etwas nahelegen, beeinflussen, befehlen, niederschmettern.

1. Wie man schauen soll

Ihr dürft andere Menschen nicht anstarren, denn sie fühlen sich dadurch belästigt. Aber jemanden mit leerem, nichtssagendem Blick anzusehen ist ebenfalls nicht richtig. Seht ihr die Leute mit trägen Augen an, haben sie die Empfindung, dass ihr ihnen nichts entgegenbringt, und sie fühlen sich außerdem auch noch ausgelaugt.

Man muss sich beobachten, auf den Ausdruck seiner Augen achten und sich fragen: »Gebe ich?... nehme ich?« Es ist gut zu geben und es ist gut, im Austausch auch zu nehmen. Wer aber dauernd nimmt, die anderen leerpumpt und aussaugt, wird von überall verjagt, weil dies geistiger Diebstahl ist. Wer sich jedoch im Geben, Ausstrahlen, Trost spenden übt, praktiziert höchste weiße Magie. Nur der Wunsch zu geben, andere glücklich zu machen, der Wunsch, dem göttlichen Plan zu dienen, kann uns die Türen zum Himmel öffnen.

Ihr sollt alle Wesen sanft, aber ohne Nachdruck ansehen, so dass sie frei bleiben. Versucht nicht, sie zu zwingen euren Blick zu erwidern und sich eurem Wunsch gemäß zu verhalten, denn wer so die Projektion eures Willens empfängt, der fühlt sich belästigt, vergewaltigt... Nichts kann ihn nämlich dazu bewegen, sich euch gegenüber zu öffnen. All eure Machenschaften lassen ihn kalt. Das Geheimnis, andere Menschen zu gewinnen, liegt in der selbstlosen Liebe, die niemals versucht, deren Seele oder Herz mit Gewalt zu gewinnen.

Beobachtet dieses Problem in eurem Familienleben, in der Gesellschaft und ihr werdet feststellen, dass vieles im Leben davon abhängt, wie die Menschen einander anschauen. Der Einfluss des Blickes auf das Schicksal des Menschen wurde bisher nur ungenügend erforscht. Sagt nicht, dies sei ein winziges Detail. Im Blick liegt alles. Er ist eine Synthese des ganzen Menschen. Alles spiegelt sich darin: Grobheit und Feinheit, Dummheit und Intelligenz, Adel und Feigheit, Kraft und Schwäche. Der Blick ist eine Zusammenfassung unseres ganzen Wesens, er prägt allem, worauf er sich richtet, sein Siegel auf. Um seinen Blick zu verändern, muss man seine Lebensweise, sein Denken, Fühlen und Handeln verändern. Durch den Blick strömen Energien auf alle Lebewesen und Dinge. Wie viele Schicksale wurden durch einen einzigen Blick verändert und umgewälzt!

2. Einige Ratschläge

Hat euch jemand in Wut gebracht, so seid ihr versucht, ihm niederschmetternde Blicke zuzuwerfen. Nehmt euch in Acht, nie dürft ihr jemandem feindselige Blicke zuwerfen! In solchen Momenten ist es besser, ihr schließt die Augen und wandelt diese zerstörerische Kraft in euch um. Wenn ihr jemandem böse Blicke zuwerft, schleudert ihr eine Kraft hinaus, die, ohne euer Wissen weiterwirkt und sich eines Tages gegen euch selbst richtet.

Versucht, den Blick nicht allzu lange zu senken, denn wenn ihr nach unten schaut, verbindet ihr euch mit erdgebundenen Kräften. Das heißt nun wieder nicht, dass man ständig in die Luft schauen soll, das wäre übertrieben. Merkt euch jedoch Folgendes: Es ist sehr nachteilig, wenn ihr – während ihr mit jemandem sprecht und ihn dabei anschaut – plötzlich den Blick zu Boden senkt. Wollt ihr wissen, was jemand gerade tut, dann dreht ihm ganz direkt den Kopf zu, begnügt euch nicht mit einem Seitenblick. Das ist eine schlechte Angewohnheit, die beweist, dass es euch an Offenheit mangelt.

Auch soll man bei einer Unterhaltung niemals seine Hand vor die Augen halten. Meister Peter Danov rügte einmal einen seiner Schüler sehr streng, als dieser sich die Hand vor die Augen hielt, während er mit ihm sprach. Diese Geste sollte man auf jeden Fall vermeiden, denn sie errichtet eine Schranke zwischen der äußeren Welt und dem inneren Blick.

3. Helft anderen mit dem Blick

Der Blick ist ein Mittel, anderen zu helfen. Ist ein Mensch voller Zweifel, Leid und Hoffnungslosigkeit, so könnt ihr ihm helfen, indem ihr ihn anseht. Überall auf der Straße, im Bus oder im Zug begegnet ihr vielen Menschen, denen ihr helfen könnt, indem ihr sie freundlich und mitfühlend anseht und ihnen in Gedanken Mut und Zuversicht zusprecht. Sie werden sich dessen, was ihr für sie tut, zwar nicht gleich bewusst, aber ihre Seele und die in ihnen wohnenden Geistwesen können aufnehmen, was ihr ihnen schickt und werden sich danach wohler fühlen.

Das gesprochene Wort

Ihr müsst auf die Worte, die ihr sagt, außerordentlich aufpassen, denn selbst wenn ihr nicht wirklich denkt, was ihr sagt, können böse Wesenheiten sich der Materie eurer Worte bedienen, um sie zu verwirklichen; und ihr könnt es ihnen nicht vorwerfen, es liegt an euch, ihnen keine Gelegenheiten zu bieten, Böses zu tun.

In vielen Ländern haben die Menschen die Gewohnheit zu fluchen. Wegen jeder Kleinigkeit verfluchen sie ihre Eltern, ihre Kinder, ihre Nachbarn, ihre Freunde... Das ist eine sehr schlechte Gewohnheit, denn die Worte schaffen die Bedingungen dafür, dass die Unglücksfälle eintreffen. Deshalb muss man sehr achtsam sein und auch niemals eine Unterhaltung über jemanden mit negativen Worten beenden, denn es gibt ein Gesetz, das besagt, dass diese Worte negativ weiterwirken. Selbst wenn ihr jemanden kritisieren müsst, hört nicht mit seinen Fehlern auf. Hört also mit positiven Worten auf und sagt: »Er hat trotzdem einige gute Eigenschaften.« Erwähnt sie und hört dann auf.

Was ist ein Wort? Es ist eine Rakete, die den Raum durcheilt und dort Kräfte in Gang setzt, Wesenheiten aufstört und unauslöschliche Wirkungen hervorruft. Ja, tatsächlich sind die Wirkungen nicht wiedergutzumachen. Sicher, könnte man böse Worte sofort wiedergutmachen, würden sie keinerlei Schaden anrichten, aber je mehr Zeit man verstreichen lässt, desto zerstörerischer wirken diese Worte. Die Zeit ist also ein beachtlicher Faktor. Stellt euch vor, ihr habt den Befehl erteilt, jemand köpfen zu lassen, und diejenigen, die euren Befehl auszuführen haben, sind schon unterwegs... Was gibt es da wiedergutzumachen, wenn der Kopf einmal gefallen ist? Klebt ihr ihn wieder an? Was kann man tun, wenn ein Befehl erteilt wurde? Einen Gegenbefehl ausgeben, d. h. andere Boten nachsenden, andere Diener, damit diese die Hinrichtung verbieten? Ist aber zu viel Zeit vergangen, kann man nichts mehr verhindern. Darum heißt es: »Noch bevor die Sonne untergeht, gehe und versöhne dich mit deinem Bruder!« Das bedeutet, man soll den Schaden so schnell wie möglich wiedergutmachen, den man anderen zufügte. Die meisten Menschen lassen ihren Gefühlen freien Lauf und reden unüberlegt. Aber eines Tages klopft das Karma an die Tür und ruft: »Los, jetzt geht's ans Zahlen!« Man soll also sofort wiedergutmachen, nichts auf den nächsten Tag verschieben, denn das Wort entfliegt; es ist eine Kraft, eine Macht, die den Raum durchquert und wirkt.

Eine Kraft aber übertrifft an Wirksamkeit und Schnelligkeit die des Wortes, das ist der Gedanke. Schaltet ihr sofort euer Denken ein, könnt ihr eure Worte einholen. Das ist natürlich nicht einfach, denn die Gedanken gehören einem viel subtileren Bereich an als das Wort. Wollt ihr aber die Folgen eurer Worte wiedergutmachen, könnt ihr euch dennoch an Helfer der unsichtbaren Welt wenden und sie bitten, den Schaden zu verhindern. Damit macht ihr zwar nicht alles ungeschehen, doch wird das Schlimmste verhütet. Ihr müsst aber sehr schnell sein und euer Denken muss äußerst konzentriert sein, sonst wird der Befehl zur Exekution erteilt und das Opfer wird enthauptet (symbolisch gesprochen), und ihr müsst eines Tages für all eure Übeltaten büßen.

Gebet:

»Mein Herr und mein Gott, vergib mir, dass ich bisher nicht erkannte, welche Möglichkeiten Du in meinen Mund gelegt hast, dass ich nicht erkannte, dass ich durch meine Worte imstande bin, Dich nachzuahmen, zu werden wie Du und jeden Tag ein Abbild von Dir zu sein. Ich war mir dessen nicht bewusst und habe darum mit meinen Worten viel Unheil angerichtet. Ich redete sinnlos daher und verletzte viele Menschen, habe in vielen Geschöpfen Verwirrung gestiftet und machte gerade mit diesem kostbaren Werkzeug, das Du mir schenktest, alles zunichte. Statt es zu benutzen, um Gutes zu tun, Trost zu spenden, Schmerzen zu lindern, meinen Mitmenschen den rechten Weg zu weisen, ihnen aufzuhelfen, sie zu ermuntern und sie Deinem Lichte und Dir, allmächtiger Gott und Schöpfer näher zu bringen, habe ich sie mit diesem Werkzeug zugrunde gerichtet und erniedrigt. Verzeih mir, o Herr, lehre mich, Mund und Zunge richtig zu gebrauchen, nicht nur zum Essen und für leeres Gerede und um nichts zu begreifen, sondern um anderen Gutes zu tun, ihr Gemüt zu erwärmen und ihnen zur Klarheit zu verhelfen.«

Gedanken und Gefühle

Unaufhörlich produziert der Mensch Gedanken und Gefühle, gute oder schlechte, ohne zu wissen, dass er damit winzige Geschöpfe in die Welt setzt, die sich sogar von der Substanz ihres Erzeugers ernähren, um zu überleben. Sind sie böse, so laugen sie ihn aus, sind sie gut, so bringen sie ihm Geschenke.

Habt ihr widerspenstige, gewalttätige, ungehorsame Kinder, die Radau machen und alles im ganzen Viertel kaputtmachen, so kommen Nachbarn und Passanten, ja selbst die Polizei zu euch, um sich zu beklagen. Und da der Vater oder die Mutter für die dummen Streiche und den angerichteten Schaden ihrer Kinder verantwortlich sind, werden sie belangt, um den Schaden wiedergutzumachen und für alles geradezustehen. Nun, in unserem Innersten spielt sich dasselbe ab. Dort wimmelt es von unseren eigenen Geschöpfen, unseren Kindern, die fast überall Unheil stiften, weil sie aus finsteren, bösartigen Beweggründen und Absichten hervorgingen, und für die von ihnen verursachten Zerstörungen fordert das kosmische Gesetz anschließend Wiedergutmachung von uns.

Aber außer den hohen Meistern hat noch niemand die Menschen diese Wahrheiten gelehrt. Darum stellen sie sich auch immer wieder Fragen: »Warum bin ich so geplagt, unglücklich und verzweifelt?« – »Es sind ganz einfach deine eigenen Kinder, die dich quälen. Du selbst hast sie erschaffen, durch deinen Hass, deine Wut, deine Rachsucht. Denn du bist wirklich ein Schöpfer, wie der Herr! Und dies nicht nur auf irdischer Ebene, sondern auf allen Ebenen.«

Die wahre Moral liegt in dem Bewusstsein, dass der Mensch für all sein Tun verantwortlich ist, nicht nur im physischen, sondern auch im astralen und mentalen Bereich. Wahre Moral bedeutet nicht rein äußerliche Anpassung an Vorschriften, sondern besteht darin, im Innern unaufhörlich nutzbringende, segensreiche, lichterfüllte Gedanken und Gefühle zu schaffen, Tag und Nacht aus Herz und Seele winzige, unsichtbare und dennoch wirkliche Wesen auszusenden, die auf alle Geschöpfe einen wohltuenden Einfluss ausüben.

Seine Fehler wiedergutmachen

Jeder Gedanke, jedes Gefühl, jede gute oder schlechte Tat wird in uns aufgezeichnet. Es ist natürlich unmöglich, dass ihr nicht hie und da auch Fehlerhaftes und Negatives aufzeichnet. Aber werdet euch zumindest darüber bewusst und trefft Maßnahmen, es wiedergutzumachen. Ihr hattet böse Gedanken für einen anderen Menschen, spracht einige verletzende Worte... Das kann jedem passieren. Aber ihr müsst euch dessen gleich bewusst werden und es wieder in Ordnung bringen!

Kapitel 5

Die Problematik des Bösen

Schwächen und Laster

Die Warnzeichen erkennen

Stellt euch vor, ihr habt eine Schwäche, der ihr nicht widerstehen könnt: eine Vorliebe für alkoholische Getränke, für Frauen, oder aber ihr könnt es nicht lassen, über andere schlecht zu sprechen, euer Geld für unnütze Dinge auszugeben, euch zu vergnügen statt zu arbeiten oder irgendetwas anderes. Versucht, die Anzeichen in euch zu erkennen, die sich einstellen, bevor euch die Versuchung überkommt. Es sind stets dieselben Anzeichen, und sie sollten euch als Warnung dienen. Darum forscht in eurer Vergangenheit danach, wann und bei welchen Gelegenheiten sich diese Schwäche geäußert hat und findet die ihr vorangehenden Anzeichen heraus. Ihr werdet feststellen, dass es ein beklemmendes Gefühl im Solarplexus war oder ein allgemeines Unwohlsein oder dass ein bestimmter Gedanke oder ein Bild kam.

Jeder wird durch gewisse Anzeichen gewarnt, die aber für jeden verschieden sind. Man muss sie also ausfindig machen. Habt ihr sie gefunden, so könnt ihr Herr der Lage werden, denn sobald sie auftreten, seid ihr bereits gewarnt und auf der Hut. Dies aber erfordert, dass ihr frei seid und nicht Sklaven aufreibender Tätigkeiten, die euer Bewusstsein trüben und euch daran hindern, einen Blick in euer Inneres zu werfen.

Die Einstellung gegenüber den eigenen Fehlern

Man darf an begangene Fehler nicht immer wieder zurückdenken, es sei denn, man zieht eine Lehre für die Zukunft daraus. Lasst Vergangenes hinter euch, sprecht nicht mehr darüber, sagt vor dem Herrn nicht jeden Augenblick: »Ich bin Deiner unwürdig, ich bin ein armer Sünder«, um Ihm angeblich eure Demut zu beweisen. Der Herr bedarf derlei Bezichtigungen nicht. Betet vielmehr: »Allmächtiger Gott, ich bin Dein Kind, verhilf mir zu Deiner Weisheit, Deiner Kraft und Deinem Licht! Hilf mir aus meinen Schwierigkeiten heraus, damit ich Dich auf Erden preise, wie die Engel Dich im Himmel preisen.« Wahre Demut besteht nicht darin, sich unaufhörlich anzuklagen, sondern darin, sogar nach der ruhmvollsten Tat noch zu sagen: »Nicht mir, o Herr, sondern Deinem Namen gebührt der Ruhm für diese Tat.«

Wie man die Kräfte des Bösen nutzt!*

Man kämpft gegen das Böse, weil man es nie richtig verstanden hat. Man muss das Böse annehmen, als Material für die Arbeit nutzen. In der Chemie wirft man kein einziges Gift weg, alles wird verwendet. Auch die Natur wirft nichts weg. Sie nimmt ebenfalls die Abfälle, den Schmutz, benutzt sie als Grundstoffe und lässt daraus Blumen und Früchte wachsen.

Die Menschen, die diese großartige Wahrheit noch nicht begriffen haben, flehen: »Gott im Himmel, vernichte das Böse!« Der liebe Gott aber kratzt sich am Kopf, lächelt und sagt: »Die Ärmsten, wenn sie erst einmal begreifen, dass das Böse notwendig ist, werden sie aufhören mich anzuflehen.« Aber bis dahin wird eben gebetet und gebetet! Selbstverständlich soll

* Siehe Band 5 der Reihe Gesamtwerke »Die Kräfte des Lebens«, Kapitel 3: »Gut und Böse« und Band 210 der Reihe Izvor »Die Antwort auf das Böse«.

man beten, jedoch auf folgende Weise: »Mein Herr und Gott, lehre mich, wie Du die Welt erschaffen hast, wie Du die Dinge siehst, damit ich gleich Dir über das Böse erhaben bin und es mich nicht anfechten kann, ich aber imstande bin, mich seiner zu bedienen, um große Dinge zu verwirklichen.« Wer so denkt, wird sehen, dass die Natur nichts Schlechtes enthält. Also, anstatt zu versuchen, sich für immer der negativen Kräfte zu entledigen, die ihn quälen, sollte ein geistiger Schüler lernen, sie zu nutzen, um sehr stark zu werden.

Sogar die Moral und die Religion irren sich, wenn sie raten, man solle das Böse vertreiben und ausrotten, denn dem Bösen wohnen gewaltige Kräfte inne, ohne die der Mensch geschwächt wird.

Einige Beispiele

1. Der Sexualtrieb

Die Sexualkraft ist eine Energie, die man mit Treibstoff vergleichen kann. Wer unwissend und ungeschickt ist, verbrennt sich: Diese Kraft verbrennt seine Quintessenz. Wer dagegen den gleichen Treibstoff zu nutzen weiß, kann sich damit im Weltall fortbewegen. Kein Bild gibt die Frage der Sexualkraft so gut wieder. Warum sollte man nicht den Weltenraum durchqueren bis hinauf zu den Sternen und alles kennen lernen, anstatt immer wieder von diesem Feuer verbrannt zu werden?

Eine neue Philosophie wird jetzt kommen, welche Männer und Frauen lehrt, wie sie sich anschauen sollen, wie man all diese Begeisterung nutzen kann, die sie gegenseitig inspiriert, all dieses Glück, sich zu betrachten, um zu außergewöhnlichen Menschen zu werden, für die die größten Werke möglich werden, weil die Liebe ihnen helfen, sie unterstützen und sie bis in den Himmel heben wird.

2. Die Eitelkeit

Das Bedürfnis, sich besser darzustellen als man in Wirklichkeit ist, ist an sich nicht schlecht. Man kann sogar sagen, dass die Natur selbst diese Neigung in den Menschen gelegt hat, damit er gezwungen ist, sich weiterzuentwickeln. Denn es kommt auch vor, dass durch den Wunsch nach Anerkennung und Bewunderung der anderen es manchem gelungen ist, über sich hinauszuwachsen. Es gab Menschen voller Angst, die aber das Vertrauen, das ihre Familie oder ihr Land in sie gesetzt hatte, nicht enttäuschen wollten und wahrhafte Helden geworden sind. Ein Künstler hegt stets den Wunsch, sich in seiner Kunst zu vervollkommnen, damit das Interesse an ihm und seinen Werken in der Öffentlichkeit nicht nachlässt. Übrigens versuchen auch Erzieher, Eltern und Lehrer diese Tendenz zu nutzen, um das Beste aus den Kindern zu machen. Wenn man einem Kind zeigt, dass man etwas von ihm erwartet, dass man Vertrauen in es hat, tut es alles Mögliche, um Erfolg zu haben. Selbst aus einem Straffälligen kann man etwas herausholen, wenn man ihm eine Verantwortung überträgt, was ihm zeigt, dass man Vertrauen zu ihm hat. Eitelkeit ist also dann eine gute Tendenz, wenn man sie für die Weiterentwicklung nutzt.

3. Der Zweifel

Ihr habt das Bedürfnis, alles in Zweifel zu ziehen... Nun gut, anstatt aber ewig an der kosmischen Weisheit, an der Existenz Gottes, an der Güte der Mitmenschen zu zweifeln, warum zweifelt man nicht an sich selbst, an der Richtigkeit seines Standpunktes und fragt sich: »Habe ich denn immer Recht? Bin ich in der Wahrheit? Gibt es nicht doch eine bessere Schlussfolgerung als die meinige?« und forscht dann in dieser Richtung? Leider ist man sich da absolut sicher, man zweifelt nicht.

Die Menschen bezweifeln alles außer ihrer eigenen Einstellung und setzen sich damit in die Nesseln! Wie unvernünftig! Anstatt sich einzubilden, all ihre Wünsche und Begehren seien gültig, gerechtfertigt, ja sogar bewundernswert und sie zu verteidigen, sollten sie sich eher fragen, ob sie wirklich so »hasenrein«, wirklich so göttlich sind. Es wäre besser, nicht dauernd zu zweifeln an ihrer höheren Natur – ihrem Geist, den Gaben, die Gott in sie legte –, dafür aber ein wenig an ihrer niederen Natur. Leider bezweifeln sie alles, was Gott ihnen gab, um sie zu retten, und glauben absolut an die in ihnen entfesselten Kräfte! Wenn sie schon an etwas zweifeln wollen, sollten sie wenigstens wissen woran!

Die geistige Veredlung

Was würdet ihr tun, wenn ihr einen gesunden, kräftigen Obstbaum hättet, der aber nur bittere, ungenießbare Früchte hervorbrächte? Ihr würdet ihn veredeln und somit beispielsweise von einem wilden Birnbaum herrliche Birnen ernten. Auf diesem Gebiet sind die Menschen Experten, handelt es sich aber um den psychischen oder geistigen Bereich, sind sie bei weitem nicht so fähig und geschickt.

1. Die Sinnlichkeit

Angenommen, eure Liebe ist sehr triebhaft... Das ist eine wilde, wunderbare, unwiderstehliche Kraft. Ihr könnt sie veredeln, aber dazu benötigt ihr den Zweig einer anderen Art Liebe, einer reinen, edlen, hohen Liebe, um ihn aufzupfropfen. Sodann steigen die Säfte eurer niederen Natur auf und fließen durch diese Zweige, das heißt durch diese Einprägungen, diese in euer Gehirn eingezeichneten neuen Bahnen, und es werden herrliche Früchte gedeihen, eine wunderbare Liebe, die euch unsagbare Wonnen und Inspirationen bringen wird.

2. Die Eitelkeit

Auch eure Eitelkeit, die viel von eurer Zeit und Kraft verbraucht, könnt ihr in neue Bahnen lenken. Statt weiterhin vor der Welt, vor den Gaffern und Dummköpfen glänzen zu wollen, arbeitet daran, euch himmlischen, göttlichen, unvergänglichen Ruhm zu wünschen, der nie vergeht.

3. Die Wut

Geratet ihr leicht in Wut, so kann es sein, dass euch deshalb schon mehrere Freundschaften in die Brüche gingen und ihr günstige Aussichten für eure Zukunft zunichte gemacht habt. Aber diese brutale Kraft, die wie ein Donner ausbricht, könnt ihr ebenso verwandeln und sublimieren, indem ihr sie veredelt. Dadurch werdet ihr unermüdlich im Kampf gegen alles, was niederer Natur ist, ihr werdet ein Streiter Christi, ein Diener Gottes. Statt Wertvolles und Gutes zu zerstören, wird eure Marskraft euch helfen aufzubauen.

Es genügt, Veredelungsreiser zu finden. Bedenkt aber, dass ihr die Wurzel behalten müsst. Reißt sie niemals aus; denn sie ist, wie auch der Stamm, voller Kraft. Und auf diese beiden sollt ihr pfropfen. Schöpft in Gedanken die darin enthaltenen Kräfte und verbindet sie mit einem hohen Wesen, einem Lichtgeist, einem Engel oder Erzengel.

Alle Eingeweihten mussten Veredelungen an sich vornehmen; sie verbanden sich stets mit ihnen überlegenen Wesen. So konnten sie die besten Früchte verteilen. Die wirksamste und höchste Veredlung erreicht man jedoch, wenn man sich mit Gott verbindet und spricht: »O Herr, was ich tue, ist nicht großartig. Ich bitte Dich, tritt in mich ein, wirke Du in mir und manifestiere Dich durch mich. Ich will für Dein Reich und Deine Gerechtigkeit arbeiten!« Das ist die beste, idealste Veredlung, und ist Gott dann gewillt, sich mit euch zu verbinden, so wird euer Baum, dessen Früchte bislang ungenießbar waren, das heißt ihr selbst, süße, duftende Früchte hervorbringen. Wurzel und Stamm blieben unverändert, aber das Veredelungsreis, d.h. die unsichtbare Welt, die göttliche Welt, die himmlische Welt hat diese Früchte hervorgebracht. Was ist geschehen? Alle rohen, primitiven, überschäumenden Kräfte der Personalität wurden vom Himmel aufgesogen, um sie mit Hilfe der geistigen Veredlung umzuwandeln.

Zwei Beispiele, die Sexualität betreffend

Eines Tages erhielt ich den Besuch eines jungen Mädchens; sie war hübsch, sympathisch und ihrem Benehmen nach von bester Erziehung. Sie war jedoch sehr unglücklich und erzählte mir, sie leide unter einer Zwangsvorstellung, weil sie in allem, was sie betrachte, ob in Blumen, Früchten, Gegenständen, sogar an der Decke, nur das männliche Geschlechtsteil sehe. Da sie aber streng katholisch und gläubig war, plagten sie Schuldgefühle, sie glaubte sich vom Himmel verworfen und in Sünde gefallen. Als sie geendet hatte, lachte ich. Sie sah mich verwundert an und ich sagte zu ihr: »Hören Sie, an all dem, was Sie mir erzählen, ist nichts Schlimmes, nichts Verwerfliches. Es ist durchaus natürlich und normal und kommt – mehr oder weniger – bei jedem vor. Es besteht keinerlei Grund zum Verzweifeln. Die Natur ist auf die Erhaltung der Art bedacht! Sie ist es, die im Menschen solche Bilder schafft, damit das Menschengeschlecht nicht ausstirbt. Nur muss man wissen, wie man sich verhalten soll, wie man diese Bilder nutzen soll, sonst – sehen Sie nur in welcher Verfassung Sie sind! Folgendes sollten Sie also künftig tun: Wenn Sie beim Betrachten einer Frucht oder eines Gegenstandes wieder diese Bilder sehen, dann ängstigen Sie sich nicht, sondern schauen ruhig hin... verweilen Sie jedoch nicht zu lange, denn bestimmte Regungen könnten in Ihnen hochkommen, und um sie zu stillen, tröstet man sich auf irgendeine Weise... Damit dies nicht erfolgt, werden Sie ein wenig philosophisch – mit anderen Worten, denken Sie an die kosmische Intelligenz, die diesen Organen ihre Form gab. Denken Sie nach, meditieren Sie und bewundern Sie diese Intelligenz, die sich damit beschäftigt hat, so vollkommene Dinge zu erschaffen. Und schon haben Sie die mögliche Versuchung längst vergessen. Wenn Sie sich hingegen weiter hineinvertiefen, kommen Sie nicht mehr davon los. Benutzen Sie dieses Bild als Ausgangspunkt, der Sie bis zur Gottheit hinauftragen kann. Wie wollen Sie ohne diesen Ausgangspunkt das erwählte hohe Ziel erreichen? Auf diese Weise dagegen ist es wunderbar, denn Sie haben von Zeit zu Zeit »Ausgangspunkte«, einen Antrieb. Aber denken Sie fest daran, es wirklich nur als Ausgangspunkt zu benutzen, sonst verfangen und verlieren Sie sich darin. Sie sollen es nur nutzen.«

Leider verstehen es die Menschen nicht sich aufzuschwingen, um nachzudenken und sich zu freuen, mit dem Gedanken, dass gerade dieses freudige Staunen sie retten wird. Sie sagen: »Was ist denn mit mir? Das ist ja ekelhaft, abscheulich«, und gerade das stürzt euch ins Verderben. Ersetzt diese überalterten Auffassungen, sagt nicht mehr: »Wie widerlich...« sondern: »Welche Pracht, welche Schönheit, welche Intelligenz! Wie konnte die Natur nur so etwas Herrliches gestalten?« Dieser Zustand des freudigen Staunens wird all eure Probleme lösen.

Vor einigen Tagen besuchte mich ein Mann in einem gewissen Alter und gestand mir, er habe eine große Schwäche im sexuellen Bereich und könne sich Frauen gegenüber nicht beherrschen. Er bat mich um Rat, wie man das heilen könne. »Sie hätten schon viel früher daran denken sollen, Sie werden es kaum schaffen, doch ich bin gerne bereit, Ihnen einige Übungen zu geben, die Sie wenigstens ausprobieren können«, erwiderte ich. »Sie gehen beispielsweise an den Strand und sehen sich dort die hübschen Mädchen an. Sicherlich wird sich etwas in Ihnen regen, das ist ganz normal und natürlich. Da Sie aber wegen der vielen Menschen und weil Sie die Mädchen auch nicht kennen, ihrem Verlangen nicht nachgehen können, sind Sie wohl oder übel gezwungen, sich anzustrengen, um diese Kraft zu sublimieren. Damit beginnen Sie, Ihren Willen zu schulen. Haben Sie diese Übung mehrmals erfolgreich durchgeführt, so brauchen Sie schließlich nicht einmal mehr an den Strand zu gehen, sondern schauen sich nur einige Zeitschriften an. Auch da wird sich etwas in Ihnen regen. Erfassen Sie sofort diese erwachende Empfindung und leiten Sie sie hinauf zum Himmel, bis zur Göttlichen Mutter. Wenn Sie sich lange genug auf diese Art geübt haben, bringen Sie es eines Tages so weit, dass Sie kaum mehr körperliche Beziehungen zu Frauen brauchen. Das ist der Sieg, der Triumph! Aber es bedarf einer langen Übungszeit mit kleinsten homöopathischen Dosen. In der Homöopathie kann bis zur neunten Centesimalpotenz* verdünnt werden; selbst bei diesem Verdünnungsgrad bleibt das Mittel noch wirksam. Auch in der Liebe kann man es bis zu einem Verdünnungsgrad bringen, bei dem man keinen körperlichen Kontakt mehr braucht. Das ist dann die geistige Liebe. Wie Sie sehen, ist es eine Frage der Methode. Es heißt »den Stier bei den Hörnern packen« anstatt zu fliehen und immer anfechtbar zu bleiben.«

* d. h. 0,000000000000000001= 1 Trillionstel = 10^{-18}.

Die neuen Klischees

Eure Fehler und Schwächen sind wie Druckplatten in euch eingeprägt. Was immer ihr auch tut, sie sind immer gegenwärtig und drängen euch stets zur gleichen Handlungsweise. Selbst wenn ihr das ganze Leben kämpft, werdet ihr nie den Sieg davontragen. Wenn ihr siegen wollt, müsst ihr ein anderes Klischee vorbereiten, indem ihr eine andere Haltung einnehmt, euch daran gewöhnt, andere Gedanken, andere Gefühle und andere Gesten anzunehmen. Damit beginnt ihr ein neues Aufzeichnungsprogramm. Das heißt nicht, dass das erste Klischee gelöscht ist, nein, es wird nicht gelöscht, aber es wird unter anderen Schichten vergraben. Solange ihr die neue Richtung beibehaltet, bleibt es vergraben, wenn ihr sie jedoch nicht beibehaltet, wird es sich aufs Neue zeigen.

Ein Mann beschließt, nicht mehr die Frauen zu verführen. Da er aber das Klischee nicht geändert hat, wird er natürlich bei der ersten Gelegenheit schwach. Dann ist er enttäuscht, er bereut, leidet und verspricht sich selbst, dass es das nächste Mal anders wird. Aber das nächste Mal geschieht genau das Gleiche. Damit es anders wird, muss er sich darum bemühen, etwas zu ändern an der Art und Weise, wie er die Dinge sieht, an seinen Gesten und seinen Worten. Wenn es ihm dann einmal gelungen ist, hat er alle Chancen, dass es ihm weiterhin gelingt, denn das neue Klischee gräbt sich tiefer und tiefer ein. Das gilt auch für alle anderen schlechten Neigungen, die man loswerden will, für den Zorn, die üble Nachrede, Gefräßigkeit, Faulheit usw.

Negative Gemütsverfassungen

Haltet inne und lenkt eure Gedanken in neue Bahnen!

Ihr seid bei einer Arbeit und stellt plötzlich fest, dass ihr sie in einer erregten Verfassung begonnen habt... Sobald ihr das merkt, stellt eure Tätigkeit sofort ein! Haltet ihr nicht inne, so dauert diese Erregung an, und ihr werdet ihrer nicht Herr. Unterbrecht also eure Arbeit, beginnt sie von neuem in einem anderen Rhythmus und die neue Gemütsverfassung wird ihrerseits andauern.

Warum wirft ein wütender Mensch alle Gegenstände um, schlägt Türen zu, stößt sich an Möbeln? Weil er sich von der Kraft befreien möchte, die er nicht zu beherrschen weiß. Doch je mehr er herumtobt, desto mehr muss er weitertoben. Er sollte also genau das Gegenteil tun, einhalten, sich einen Augenblick völlig ruhig verhalten und dann seine Arbeit wieder aufnehmen.

Angenommen so eine Unruhe befällt euch auf der Straße und es gelingt euch nicht, sie beim Weitergehen loszuwerden. Also bleibt stehen! Damit aber andere Passanten nicht auf euch aufmerksam werden, bleibt beispielsweise vor einem Schaufenster stehen und tut so, als ob ihr etwas betrachten würdet. Versucht dort mit dem Problem fertig zu werden, das der Grund eurer Erregung war. Sowie ihr eure Bewegung unterbrecht, könnt ihr euer Denken in eine neue Richtung lenken.

Wie man durch Gedanken die Wolken auflöst

Seid ihr übel gelaunt, traurig gestimmt und beunruhigt, dann bedeutet das, dass eine Wolke euer Gemüt verdunkelt. Versucht dann zu meditieren, um sie aufzulösen, anstatt ihr durch eure

Grübelei noch Nahrung zu geben. Wenn euch das gelingt, dann werdet ihr gewahr, dass die Sonne, das Göttliche, immer da ist und nur durch eure eigenen Wolken verdeckt war...

Wenn ihr dies im Kleinen fertig bringt, warum dann nicht in erweitertem Maßstab? Seid ihr erst einmal imstande, eure eigenen Wolken zu vertreiben, so könnt ihr auch versuchen, die kollektiven Wolken aufzulösen, die auf der Erde lasten.

Wenn ihr ein Weizenkorn gepflanzt habt und feststellt, was für schöne Ähren es hervorgebracht hat, dann könnt ihr ein ganzes Feld mit Tausenden ähnlicher Körner säen, weil ihr nicht daran zweifelt, dass auch sie Ähren hervorbringen. So ist es auch mit der inneren Arbeit. Habt ihr etwas für euch selbst erreicht, so gewinnt ihr die Gewissheit, dass ihr dank eurer Arbeit der ganzen Menschheit helfen könnt.

Das Baden

Wasser hat die Eigenschaft, alles aufzunehmen, sowohl Gutes wie Schlechtes; darum solltet ihr - wenn ihr in einer gehobenen, beseligenden oder freudigen Stimmung seid -, euch nicht waschen und vor allem nicht baden. Seid ihr hingegen traurig und bekümmert und nehmt dann ein Bad, so fühlt ihr euch danach viel besser, weil das Wasser all euren Kummer aufnimmt.

Dem Übel eine Frist setzen

Fühlt ihr euch unpässlich, leidet an einer Migräne, einem Kummer oder sonstigem Übel, das euch nicht loslassen will, so geht außer Haus und macht einen Spaziergang. Sagt euch beim Gehen: »Wenn ich den Baum oder die Mauer dort erreicht habe, bin ich von meinem Übel befreit.« Nähert euch diesem

Orientierungspunkt in der Überzeugung, dass die gewünschte Befreiung wirklich geschieht, und ihr werdet euch erleichtert fühlen, sobald ihr dort angekommen seid. Ist die Erleichterung zu gering, so beginnt von neuem. Wählt einen anderen Orientierungspunkt, der noch weiter weg ist, und bekräftigt den Gedanken in euch, dass das, was euch quält, dort angekommen, völlig vergeht. Macht so weiter, bis ihr eine wirkliche Besserung verspürt.

Die Kraft der Liebe

Seid ihr unzufrieden, gereizt oder mutlos, dann verzweifelt nicht und belastet eure Umgebung nicht damit, sondern bleibt ruhig zu Hause und sagt: »Ich habe mich abkühlen lassen und muss mich wieder aufwärmen!« Macht sodann ein paar Atemübungen, führt liebevoll eine Gebärde aus, sendet dem ganzen Universum einen Gedanken der Liebe; denn Liebe bedeutet wahre Wärme. Ihr werdet fühlen, dass durch das Aussenden liebevoller Schwingungen eine Quelle in euch zu sprudeln beginnt, die Quelle eures Herzens, und dass das Wasser wieder fließt. Lasst die Quelle sprudeln und ihre Arbeit tun, sie wird alles in euch reinigen!

Die Kraft des gesprochenen Wortes

In einer Einweihungsschule lernt ein Schüler Worte in einer Weise zu verwenden und auszusprechen, dass sie Naturkräfte in Gang bringen. Worte sind wirkungsvoll, nur wissen wir sie noch nicht richtig anzuwenden und auszusprechen.

Wenn euch kalt ist, ihr euch einsam und verlassen, von keinem Menschen geliebt fühlt, sprecht laut das Wort »Liebe«, einmal, zweimal, zehnmal, in jeweils unterschiedlicher Betonung. Ihr löst damit im Kosmos Kräfte der Liebe aus und könnt euch, eingehüllt von ihnen, nicht mehr allein und verlassen fühlen.

Fühlt ihr euch im Dunkeln, als wärt ihr in einen Abgrund gefallen, so sprecht die Worte: »Weisheit«, »Licht«, so lange bis diese Worte in all euren Körperzellen schwingen und singen. Dann wird es in euch wieder hell...

Quälen euch trübe Gedanken, seid ihr in Bedrängnis und Verwirrung, so sprecht das Wort »Freiheit«.

Ebenso könnt ihr auch die Worte »Schönheit«, »Wahrheit«, »Kraft«, »Gesundheit«, »Harmonie« aussprechen. Ihr werdet sagen, dass dies sehr unbedeutend ist. Gewiss, aber jedes dieser Worte wird durch das wiederholte Aussprechen mit gewaltiger Kraft geladen und prägt eure eigene Materie, sofern ihr es inbrünstig und mit Überzeugung aussprecht.

Die Kraft des Gesangs

Die Lieder, die wir hier in der Bruderschaft singen, wirken wohltuend auf euch, und auch wenn ihr sie nicht singt, wird euch schon allein die Tatsache, dass ihr sie im Kopf habt, gut tun, denn diese Gesänge schwingen in euch mit.

Fühlt ihr euch beunruhigt, wisst nicht mehr recht aus noch ein, dann singt: *»Misli, pravo misli: Denke recht...«* und ihr werdet euren Weg besser erkennen. Habt ihr den Eindruck, von niemand mehr geliebt zu werden, so singt: *»Bog e ljubov: Gott ist Liebe«*. Und was wollt ihr mehr, da doch Gott euch nie verlassen wird? Seid ihr ein wenig müde oder krank, singt: *»Sila zdrave e bogatsvo: Kraft und Gesundheit sind Reichtümer!«* – dann bebt alles, die Wände, die Decke und ihr erhebt euch wieder frischen Muts. Findet ihr das Leben öde und freudlos, so bejaht: *»Krassiv e jivota: Schön ist das Leben...«*.

Ihr habt hier Hilfen, ein ganzes Arsenal von magischer Wirksamkeit. Ihr müsst es benutzen.

Wie man die Geister des Bösen bekämpft

Fühlt ihr innere Unruhe, treten Versuchungen an euch heran, so beweist dies, dass böse Geister euch heimsuchen. Bleibt innerlich fest und geht nicht aus euch heraus, um sie zu bekämpfen; denn sobald ihr eure Schutzburg verlasst, seid ihr ausgeliefert, weil ihr unbewaffnet seid, weder Harnisch noch Schild noch Waffe tragt. Im Gegenteil, verschanzt euch dann tief in eurem Inneren. Kämpft nicht außerhalb gegen mächtige Feinde, geht in euch, entflieht ihnen! Wenn ihr sie bekämpft, regt ihr euch nur auf und werdet ungeduldig und gereizt. Kämpft also nicht, sondern versenkt euch in euer Innerstes und versucht, nicht an diese Feinde zu denken, euch nicht um sie zu kümmern, wartet ganz einfach ab. Denkt an den Herrn, verweilt einige Zeit an eurem höchsten Zufluchtsort – und nach einiger Zeit werdet ihr gewahr, dass die Feinde abgezogen sind. Ihr fragt: »Und wenn sie immer noch da sind?« Nun, sind sie noch da, so seid ihr wenigstens in der Lage, sie mit wirksamen Waffen anzugreifen, da ihr an eurem hohen Zufluchtsort wart, wo Licht, Weisheit und Kraft euch stärkten.

Lasst eure Feinde brüllen! Rührt euch nicht, bleibt ruhig und gelassen, kümmert euch nicht um sie, und vor allem, kämpft nicht mit ihnen, solange ihr nicht ausreichend gerüstet und auf diesen Kampf vorbereitet seid. Anstatt zu kämpfen, zu ermatten und eure Kraft zu vergeuden, lasst alles beiseite und steigt hinauf zum höchsten Zufluchtsort, dorthin, wo Gott in euch wohnt. Gott wohnt nicht dort, wo Feinde Ihn erreichen könnten. Er wohnt im tiefsten Grunde unseres Wesens, Er, der die wahre Kraft und Allmacht ist, Ihn müsst ihr aufsuchen. Fühlt ihr euch also bedroht, so lasst jegliche Beschäftigung sein, sammelt euch und denkt an diesen göttlichen Geist, der euch durchdringt. Seid ihr in Gedanken bis zu Ihm gelangt, wird Er euch sagen: »Komm her mein Kind, jemand verfolgt dich, aber bei mir wirst du Schutz finden.«...

Nehmen wir an, ihr seid von negativen Gedanken oder Gefühlen heimgesucht und es gelingt euch nicht, sie zu vertreiben, egal was ihr macht. Was könnt ihr tun? Die Haltung eines Beobachters einnehmen. Ihr beginnt, in aller Ruhe all diese schlechten Kräfte und Wesenheiten anzuschauen und zu beobachten, wie sie sich äußern und intrigieren. Indem ihr sie beobachtet, stellt ihr euch schon über sie, und dann geschieht Folgendes: Sie fühlen sich allmählich von jemandem beobachtet und das stört sie... projiziert ihr dann einige Lichtstrahlen auf sie, verschwinden sie, weil sie das Licht nicht mögen. Sie können wiederkommen, und sie kommen sogar mit Sicherheit wieder. Solange ihr keine neuen Muster eingebaut habt, kommen sie wieder. Doch ihr beobachtet sie erneut, umhüllt sie mit einem Lichtstrahl und könnt sie so letztendlich loswerden. Ja, weil ihr euch ganz einfach über sie gestellt habt. Das ist das Geheimnis.

Gebet gegen böse Geister

»Im Namen der göttlichen Liebe,
die unveränderlich und ewig ist,
im Namen der göttlichen Weisheit,
die unveränderlich und ewig ist,
in denen wir leben, uns bewegen
und unser Sein haben,
im Namen des göttlichen Wortes,
möge alles Böse verschwinden.«

Schwierige Lebenslagen

Vorsorge für schwere Zeiten

Unser Bewusstsein erhellt und verdüstert sich, füllt sich und leert sich, denn wir sind dem gleichen Wechsel wie die Natur unterworfen. Deshalb müssen wir den Zeitpunkt kennen, wo jedes Phänomen sich ereignet. Nehmen wir also an, dass die schwierige Periode naht. Wenn ihr es nicht wisst, nehmt ihr unbesonnen eine Verpflichtung für dieses oder jenes Unternehmen an; aber wenn dann der Moment kommt, habt ihr weder Inspiration noch Lust dazu und fühlt euch unfähig. Das hättet ihr vermeiden können, wenn ihr im Voraus gewusst hättet, dass düstere Tage kommen, an denen ihr schwach und niedergedrückt seid. Alle Fehler werden in der Finsternis, wenn das Bewusstsein verdüstert ist, begangen. Lernt, das Nahen dieser Augenblicke zu erspüren und unternehmt nichts Wichtiges in dieser Zeit.

Versucht nicht, Schwierigkeiten auszuweichen

Wer Anstrengungen und Schwierigkeiten auszuweichen sucht, wird zwangsläufig auf noch größere stoßen. Statt vor den Problemen möglichst zu fliehen, sollte man sie zu lösen versuchen, sonst ist die folgende Situation noch schlimmer als die erste. Erst wenn es euch gelang, das euch gestellte Problem zu meistern, ist eine Veränderung günstig. Wollt ihr euch eurer Verpflichtung entledigen, um eine angenehmere Situation zu schaffen, so verkennt ihr die strengen Schicksalsgesetze. Die unsichtbare Welt wird sagen: »Du hast dort nichts zuwege gebracht, also tue es hier!« Man darf also nicht vor den Schwierigkeiten fliehen, sondern muss erforschen, ob man deren Sinn auch richtig erfasste und das Nötige getan hat. Bestätigt es sich, dass alles Erforderliche geleistet wurde, so mag man getrost dahin gehen, wohin man möchte, selbst in die Hölle: weil die Engel den Weg denen bereiten, die ihre Aufgabe bis ins Letzte erfüllten.

Nehmt auferlegte Prüfungen an und dankt dem Himmel dafür

Ihr gehört einer geistigen Lehre an, lebt im Licht, deswegen werden euch aber trotzdem von Zeit zu Zeit Unfälle oder Missgeschicke widerfahren. Man ist nicht vor allem bewahrt, nur weil man einer Einweihungsschule angehört. Damit euch nichts Übles zustößt, müsst ihr alle Schulden eurer Vergangenheit tilgen. Schleppt ihr sie noch mit euch, so müsst ihr sie trotzdem bezahlen, ob ihr nun eine geistige Lehre befolgt und im Lichte steht oder nicht. Da ist nichts zu machen. Ihr seid in einer göttlichen Schule, einverstanden. Ihr lebt in diesem Licht, tut von nun an nur noch Gutes. Man muss jedoch wissen, dass Gutes tun nicht sofort Erfolg bringt, sondern erst in der Zukunft. Wenn ihr also durch Prüfungen hindurchgeht, müsst ihr sie annehmen und sagen: »O mein Gott, das kann die Arbeit, die ich im Licht ausführte nicht zerstören. Umso besser, wenn Widerwärtigkeiten mich nun treffen, denn das bedeutet, dass ich mich befreie, und das ist sehr gut. Jetzt weiß ich, warum ich das durchmachen muss, ich werde mich nicht mehr dagegen auflehnen oder darum bitten, verschont zu werden.«

Aus einem Übel kann immer Gutes entstehen

Was euch auch widerfahren mag, versucht immer die gute Seite daran zu sehen. Angesichts von Schwierigkeiten, Krankheiten und Unfällen denkt euch, dass aus diesem Übel etwas

Gutes hervorgehen kann, und so wird alles gut. Sagt euch: »Warum nicht einige Unannehmlichkeiten hinnehmen, damit andere Freuden daraus erwachsen?« Dank einem Missgeschick, das ihnen widerfuhr, gelang es schon vielen Menschen, wunderbare Dinge in die Tat umzusetzen. Wären sie nicht durch schwierige Zeiten gegangen, hätten sie nie etwas Großartiges, Überragendes, Himmlisches vollbracht. Überprüft alles, was euch geschieht und fragt euch, was die unsichtbare Welt von euch erwartet, indem sie euch Schwierigkeiten und Misserfolge schickt.

Wenn ihr es euch zur Gewohnheit macht, Hindernisse und scheinbar nachteilige Ereignisse von nun an von einer anderen Warte aus zu betrachten, werdet ihr erkennen, dass es stets etwas zu entdecken gibt. Das Glück ist oft da, wo ihr es nicht vermutet. Ihr wollt, dass es dem entspricht, was ihr euch darunter vorstellt; das aber trifft leider nie ein. Verliert den Mut nicht, ihr seid nicht allein, zahlreiche unsichtbare Wesen denken an euch und belehren und beraten euch unaufhörlich.

Kapitel 6

Anleitungen zur Reinigung und Läuterung

Das Fasten

Fasten fördert die Gesundheit

Alle Eingeweihten empfehlen das Fasten, weil sie wissen, dass es den Organismus reinigt und Reinheit die Grundlage von Gesundheit ist.*

Wenn ihr niemals fastet, verlassen sich die Zellen des Magens und aller übrigen Organe auf ihren Chef, d.h. auf euch. Sie wissen, dass ihr sie stets zufrieden stellt und werden faul und träge. Die überreichlich zugeführte Nahrung kann nicht restlos aufgenommen werden. Sie stagniert im Gewebe, wo sie zu gären und zu faulen beginnt. Während des Fastens jedoch, wenn die Zellen keinerlei Nahrung mehr erhalten, müssen sie sich wohl oder übel dazu entschließen, sparsamer, vernünftiger und reger zu werden, um sich mit den Reserven durchzuschlagen. Dann findet auch keine Gärung mehr im Körper statt.

Wer nie fastet, setzt seinen Körper großen Gefahren in der Zukunft aus, weil die Zellen passiv, träge und schwach werden. Zu langes Fasten wiederum schwächt den Organismus und kann sogar tödlich sein. Wenn man aber weiß wie lange, unter welchen Bedingungen und in welchem Bewusstseinszustand man es machen soll, ist das Fasten von großem Nutzen für die Gesundheit.

* Im Band 7 der Reihe Gesamtwerke »Die Reinheit« befassen sich mehrere Kapitel mit dem Thema Reinheit.

Allwöchentliches Fasten

Eine gute Gewohnheit ist es, jede Woche vierundzwanzig Stunden zu fasten. Während dieser vierundzwanzig Stunden könnt ihr heißes, abgekochtes Wasser trinken, sonst nichts. Gleichzeitig widmet euch einer geistigen Arbeit. Verbindet euch mit den höchsten Wesen des Lichts, hört Musik und lest Bücher, die euch geistig anregen und eure Gedanken und eure Gefühle reinigen.

Das Fasten im geistigen Leben

1. Wie es die Denkkraft steigert

Durch das Fasten wird nicht nur die Gesundheit gefördert. Wenn Eingeweihte einem Menschen, der sich in Not und Schwierigkeiten befindet, helfen oder ihn retten wollen, so fasten sie, damit sie die Kraft, die sich während dieser Enthaltungszeit in ihnen so ansammelt, aussenden können. Deshalb fasten die Eingeweihten oft, um ihren Freunden und Nahestehenden helfen zu können.

2. Wie es schädliche Geister vertreibt

Dank des Fastens gelingt es uns, die bösartigen Geister zu vertreiben, die sich in uns eingenistet haben. Bereits am ersten Tag des Fastens beklagen sie sich: »Er ist sehr böse, dieser Hauswirt, er lässt uns nichts mehr zukommen«, und sie machen sich davon, auf der Suche nach jemand anderem, der sie nährt. Freilich gibt es unter ihnen auch zähere, die uns erst am zweiten oder dritten Tag oder noch später verlassen... Aber mit jedem Fastentag verlassen uns mehr und mehr dieser Wesen, und wir fühlen uns immer friedlicher, leichter und klarer. Als die Jünger Jesus fragten, wie man unsaubere Geister vertreibe, erwiderte er: »Durch Beten und Fasten!« Es gibt kein anderes Mittel. Wenn wir niemals fasten, gewinnen die niederen Wesenheiten in uns so große Kraft und werden so mächtig, dass sie uns schließlich zugrunde richten.

Das Fastenbrechen

Esst nach mehrtägigem Fasten nicht gleich wieder ganz normal, das kann schwere Störungen hervorrufen und in manchen Fällen sogar tödlich sein.

Am ersten Tag soll man nur ein paar Tassen leichte Gemüsebrühe trinken; am zweiten Gemüsesuppe und Zwieback essen, am dritten Tag kann wieder normal gegessen werden, aber leichte, nicht zu reichhaltige Kost. Auf diese Weise läuft man keinerlei Gefahr. Nach einer solchen Fastenkur habt ihr ganz neue, verfeinerte Empfindungen. Ihr fühlt euch verjüngt, beschwingt und leicht, als wären die Stoffe, die euren Organismus verstopft hatten, verschwunden, als wären die Schlacken und Unreinheiten verbrannt.

Das Schwitzen

Der Schweiß hat die gleiche chemische Zusammensetzung wie der Urin, nur sehr viel verdünnter. Also verrichtet die Haut, die den Schweiß durch die Poren absondert, dieselbe Arbeit wie die Nieren, und durch das Schwitzen säubert und reinigt sich der Mensch. Um das Schwitzen zu fördern, gibt es verschiedene Methoden, aber ich rate euch zu einer, die sehr einfach und leicht durchzuführen ist: das Trinken von heißem Wasser. Ihr kocht Wasser ab und trinkt es so heiß wie möglich. Durch Osmose dringt das heiße Wasser in die Blutgefäße, weitet sie, steigt darin durch Kapillarwirkung auf und führt zum Schwitzen über die Poren. Gerät man auf solche Weise ins Schwitzen, fühlt man sich danach erneuert, gereinigt und gestärkt.

Das Schwitzen ist für die Gesundheit wichtig. Spürt ihr z.B., dass ihr euch erkältet habt und Fieber bekommt, so könnt ihr euch durch Schwitzen heilen, indem ihr mehrere Tassen sehr heißes Wasser trinkt. Sie helfen euch, die Giftstoffe auszuscheiden.

Die vier Elemente

Tief in seinem Unterbewusstsein vergraben trägt jeder Mensch schädliche Keime, die zum Wachsen und Gedeihen stets günstige Bedingungen finden und sein Dasein beeinträchtigen. Darum wird dem auf dem Pfad der Höherentwicklung sehr weit fortgeschrittenen Schüler die Aufgabe gestellt, bis in die Tiefen seines Unterbewusstseins vorzudringen und sich mit Hilfe der vier Engel der vier Elemente, dem Erdengel, dem Wasserengel, dem Luftengel und dem Feuerengel, von diesen Keimen zu befreien. Entweder verbrennt er sie durch das Feuer oder zerstreut sie mit dem Wind, ertränkt sie im Wasser oder versenkt sie in der Erde. Damit macht er sich vollkommen frei.

Man muss die Rolle der vier Elemente genau kennen.

Die Erde

Die Erde nimmt alles Unreine auf, diese Eigenschaft ist kennzeichnend für sie. Wie ein Magnet zieht sie alles Schmutzige und Unreine an, um es dann in ihren Labors zu verwandeln. Seht nur, wie sie unsere Abfälle aufnimmt und umwandelt, um sie uns in Form von Blumen und köstlichen Früchten zurückzugeben!... Übergebt es deshalb der Erde, wenn ihr innere Unruhe, Angst, Unreinheit verspürt. Grabt in die Erde eine kleine Vertiefung, legt eure Finger hinein und sprecht mit der Erde wie mit einem intelligenten Wesen. Bittet sie, sie möge das von euch nehmen, was euch quält. Sagt zu ihr: »Liebe Erde, meine Mutter, du hast mir alle Elemente gegeben, aus denen mein Körper gemacht ist, ich danke dir dafür. Aber ich flehe Dich an, nimm in deinen wundervollen Werkstätten und Labors all die Unreinheiten auf, die sich in mir seit Jahren angesammelt haben, und gib sie mir in reinste Elemente verwandelt zurück, damit ich meine Aufgabe in der Welt erfüllen kann.« Abschließend sprecht die kabbalistische Formel, die ich euch gegeben habe: »Taro – Tora – Rota – Tarota – Rotaro«.

Das Wasser

Das Wasser ist ein sehr günstiges Element für die Reinigung, denn wo immer es durchfließt, nimmt es auf, absorbiert es. Auch im Ätherbereich besitzt es die Eigenschaft festzuhalten und aufzunehmen. Deshalb benutzen es die Eingeweihten, um sich von allen seelischen Unreinheiten zu befreien. Sie sprechen geheime Formeln, verwenden bestimmte Mittel, um das Wasser anzureichern und seine Wirksamkeit zu steigern.

Um sich aber durch das Wasser wirklich von Grund auf zu reinigen, muss man sich mit dem geistigen, dem kosmischen Wasser verbinden, das jenseits des physischen Wassers fließt. Solange ihr nicht in Kontakt mit diesem geistigen, kosmischen Wasser kommt, werdet ihr von unreinen Fluidalschichten nicht völlig frei.

1. Wie man ein Bad nimmt

Die meisten Menschen denken nicht daran, dass, wenn sie ihren physischen Körper waschen, sie gleichzeitig auch etwas zur Reinigung ihres Äther- und Astralkörpers tun sollten. Auf ätherischer sowie astraler Ebene haften Unreinheiten, die sich nur mit Mühe entfernen lassen, wobei die der Astralebene hartnäckiger, belastender und schädlicher sind als die aller anderen Ebenen. Das Wasser hat die Kraft, diese Unreinheiten zu beseitigen. Dazu muss man es jedoch zunächst beleben. Zu diesem Zweck nehmt eine bestimmte Menge Salz. Ihr wisst sicher, dass Salz eine sehr wichtige Rolle bei religiösen Zeremonien spielt...

Zur Weihung des Salzes geht folgendermaßen vor: Ihr stellt es frühmorgens bereit, wobei ihr Kerzen anzündet, Weihrauch verbrennt und ein paar Worte sprecht, um es der vollkommenen Reinheit, der Göttlichen Mutter, dem kosmischen Universalgeist zu weihen und bittet die Hohen Intelligenzen, es zu segnen, um ihm reinigende Eigenschaften zu verleihen.

Bevor ihr nun ins Bad steigt, streut dieses geweihte Salz ins Wasser und sprecht ein paar Worte, um das Wasser mit der Eigenschaft des Salzes zu heiligen. Dann richtet folgendes Gebet an die Göttliche Mutter: »O Göttliche Mutter, ich bewundere dieses Wasser, das Dein Spiegelbild ist. Ich bitte Dich, heilige es, damit es all meine Unreinheiten, Krankheiten und Schwächen von mir nimmt und ich meinem Himmlischen Vater besser dienen kann.« Berührt dann das Wasser und sprecht mit den Geschöpfen, die es bewohnen: »Ihr Undinen alle, wie seid ihr doch so schön, rein und transparent! Nehmt mich auf in euer Element, nehmt mich an und arbeitet an mir, um alles von meinem Wesen zu nehmen, was nicht in Harmonie mit dem Himmel schwingt!« Mit diesen Worten berührt das Wasser mit viel Liebe.

Das Wasser ist ein Element, in dem unsichtbare, aber schöne und reine Wesen leben, und es hilft euch, mit diesen überaus empfindsamen Wesen in Kontakt zu treten. Dank eurer liebevollen Haltung macht ihr sie euch wohlgesonnen. Füllt einen Krug mit diesem Wasser, das ihr geweiht habt, um es, nachdem ihr euch gewaschen habt, über euch zu gießen. Beim Hineinsteigen in das Wasser sagt ihm, wie schön es ist und wie entzückt ihr seid und seift euch dreimal ein. Seid ihr ganz von Glaube und Liebe erfüllt, werdet ihr sehr viel erreichen. Alles hängt von eurem Glauben und eurer Liebe ab.

2. Die Arbeit mit dem Wasser

Nehmen wir nun an, ihr möchtet euch reinigen, habt aber kein Wasser zur Verfügung. Ihr könnt die Arbeit dann dennoch in Gedanken tun. Stellt euch die Frische des Wassers vor, fühlt, wie die Wassertropfen auf euch niederrieseln und alles Unreine von euch wegspülen. Das geistige Bad kann euch wirklich reinwaschen, denn in Wirklichkeit ist das physische Wasser nicht das wahre Wasser. Nach dem wahren Wasser müssen wir in uns selbst suchen. Der Mensch besitzt in seinem Inneren Quellen lebendigen Wassers, und von diesem Wasser sprach Jesus, als er sagte: »Von seinem Leib werden Ströme lebendigen Wassers fließen.« Das materiell sichtbare Wasser ist nur ein Mittel, um mit dem geistigen Wasser in Verbindung zu treten.

3. Wie man das Wasser benutzt, um sich von negativen Stimmungen zu befreien

Von Zeit zu Zeit befallen euch Kummer und Traurigkeit, und ihr wisst nicht, wie ihr euch davon befreien könnt. Dann seht und hört fließendem Wasser zu, und wenn es nur das Wasser aus dem Wasserhahn ist. Wenig später fühlt ihr euch bereits erleichtert. Was ist geschehen? Das fließende Wasser wirkt auf den Solarplexus und spült das Belastende weg.

Ihr könnt auch die Hände in warmes oder kaltes Wasser eintauchen und werdet dann nach einigen Minuten das Gefühl haben, von eurer Last befreit zu sein.

Wascht euch bewusst die Hände mit Seife, einmal, zweimal... ja sogar bis zu zehnmal. Unter dem Einfluss der Gedanken während des Waschvorganges wascht ihr gleichzeitig eure ätherischen Hände, die sich über den physischen Händen befinden.

4. Wie man das Wasser magnetisiert

Habt ihr eure Hände sorgfältig gewaschen, können sie himmlische Energien weiterleiten. Dann könnt ihr diese Kräfte beispielsweise in das Wasser hineinleiten, das ihr trinken wollt. Füllt ein Glas mit reinem Wasser (vorzugsweise aus einer Quelle oder einem Bergsee), haltet das Glas in der linken Hand und taucht Daumen, Zeige- und Mittelfinger der rechten Hand hinein, indem ihr euch auf die Liebe, die Weisheit und die Wahrheit konzentriert, damit dem Wasser diese Eigenschaften übertragen werden. Danach trinkt dieses Wasser und denkt dabei: »Für die Liebe, die alles heilt, die Weisheit, die Klarheit bringt, die Wahrheit, die frei macht.«

Die Luft

1. Atemübungen

Siehe Kapitel 2

2. Übungen mit dem Engel der Luft

Bei windigem Wetter könnt ihr hinausgehen, einen Spaziergang machen und den Engel der Luft bitten, eure Sorgen und Unreinheiten von euch fortzunehmen.

3. Ein Luftbad nehmen

Habt ihr die Möglichkeit, dann setzt euch an einer ungestörten, geschützten Stelle völlig unbekleidet der Luft aus und stellt euch dabei vor, sie durchwehe euch und trage alles Unreine von euch hinweg.

Das Feuer

Das Feuer ist eine Tür, die sich zum Übersinnlichen öffnet, denn es stellt die Grenze zwischen der physischen Welt und der Welt des Ätherischen dar. Über das Feuer ist es daher leichter, in Verbindung mit der göttlichen Welt zu kommen. Darum entzünden die Eingeweihten, bevor sie eine wichtige Handlung vollziehen, eine Flamme, denn sie wissen, dass allein das Feuer sie in die feinstofflichen Sphären führen und bewirken kann, dass ihre Stimme vernommen wird.

1. Übungen zum Sonnenaufgang

Siehe Kapitel 9 über die Sonne

2. Vor einem Feuer

Ihr habt alle schon einmal ein Kaminfeuer brennen sehen. Habt ihr euch aber gefragt, wie es kommt, dass Zweige, die vorher dürr, schwarz und krumm waren, so schön und funkelnd werden? Ist es nicht ein Wunder zu sehen, dass so etwas Schwarzes auf einmal so leuchtend wird?... Auch ihr könnt euch vorstellen - wenn ihr in loderndes Feuer blickt oder wenn wir uns im Bonfin um das Feuer versammeln -, dass ihr ihm eure alten Äste, d.h. eure alten instinkthaften Gewohnheiten übergebt. Werft alles Unnütze ins Feuer! Denn das Feuer ist fähig, alles in Wärme und Licht zu verwandeln, und ihr habt den Segen davon. Was würdet ihr denn sonst mit diesen alten Ästen machen? Sie können euch weder erwärmen noch spenden sie euch Licht, da ihr außerstande seid, sie umzuwandeln. Übergebt sie dem Feuer, es wird sie euch in Form von Licht und Wärme wiedergeben!

3. Vor einer brennenden Kerze

Bereitet euch in einem ruhigen Zimmer darauf vor, in Stille und innerer Sammlung eine Kerze anzuzünden. Zuerst weiht ihr die Kerze einer Idee oder einem Wesen: der Göttlichen Mutter, dem Himmlischen Vater, dem Heiligen Geist, der Weltseele, dem Erzengel Michael...

Ist die Kerze angezündet, sind das Feuer und auch die drei anderen Elemente zugegen: die Luft, ohne die das Feuer nicht brennen kann, die Erde (der feste Teil der Kerze) und das Wasser (das flüssige Kerzenwachs). Denkt beim Betrachten der Flamme daran, dass ihr euch vor dem allergrößten Naturgeheimnis befindet. Schaut in die Flamme, als würdet ihr sie zum ersten Mal sehen. Dem Wassertropfen gleich, der alle Eigenschaften des Ozeans in sich trägt, ist die Flamme ein Tropfen des kosmischen Ozeans, des universellen Feuers. Sie ist ein strahlendes Zentrum von Licht, Wärme und Leben. Sie verbindet euch mit dem unermesslichen Leben des Kosmos.

Fühlt ihr schließlich mit der Flamme eine innige Verbundenheit, so beugt euch über sie, öffnet den Mund und atmet dreimal ein. Haltet den Atem einen Augenblick an und atmet dann aus. Wiederholt diese Übung für die vier Körper: den physischen, den ätherischen, den astralen und mentalen Körper.

- Für den physischen Körper, um die in ihm schlummernden Kräfte zu wecken und ihn vor dem Angriff des Feuers zu schützen;
- für den Ätherkörper, damit er vom Vibrieren der Flamme geprägt werde;
- für den Astralkörper, damit Friede und Harmonie in euer Herz einziehe;
- für den Mentalkörper, damit euer Denken klar werde.

Was ihr dabei einatmet, ist das Leben, das auf den höchsten Punkt der Flamme nach oben strebt, und ihr fühlt euch davon gestärkt. Sieht der Feuerengel, dass ihr diese lebendige Flamme bewundert, wird er euch helfen. Er beginnt, euch zu lieben, und wenn es euch gelang, mit dem Feuer gleichzuschwingen, so geht ihr nicht unter, selbst wenn einst die ganze Welt in Flammen steht. Betet und trachtet danach, dass diese Flamme sich in euch niederlässt. Dafür wendet euch mit der Bitte an sie: »Geliebte Flamme, Sinnbild des Heiligen Geistes, des kosmischen Feuers und der Sonne, tritt in mich ein, durchdringe meine Zellen, damit der Heilige Geist eines Tages auf mich herabkommt und in mir Wohnung nimmt!«

Gebet an die Engel der vier Elemente

Herr, allmächtiger Gott,
Schöpfer des Himmels und der Erde,
gütiger und barmherziger Vater,
sende mir Deine vier Engel:
den Engel der Erde, den Engel des Wassers,
den Engel der Luft und den Engel des Feuers,
damit sich Dein Wille durch mich offenbart.

Möge der Engel der Erde meinen physischen Körper
von allen Schlacken befreien,
damit sie von der Erde aufgenommen
und als Gesundheit und Reinheit zurückgesandt werden!
Möge er meinen ganzen Körper säubern, damit
Leben in Fülle durch meine Venen und Arterien strömt!
Möge mein ganzes Wesen erleichtert, befreit
und losgelöst sein, damit sich das Reich Gottes
und seine Gerechtigkeit auf Erden
und das Goldene Zeitalter unter den Menschen
verwirklichen!

Möge der Engel des Wassers mein Herz
von allem Schmutz reinwaschen!
Möge die selbstlose Liebe in mein Herz einziehen
und mir Glück, Freude und Seligkeit bringen!
Möge mein Herz lauter, kristallklar
und lichtdurchlässig sein, damit sich das Reich Gottes
und seine Gerechtigkeit auf Erden
und das Goldene Zeitalter unter den Menschen
verwirklichen!

Möge der Engel der Luft meinen Verstand reinigen,
indem er Weisheit und Licht in ihn einziehen lässt!
Möge mein Denken scharfsinnig, klar
und strahlend werden, damit sich das Reich Gottes
und seine Gerechtigkeit auf Erden
und das Goldene Zeitalter unter den Menschen
verwirklichen!

Und möge der Engel des Feuers, der kein anderer ist
als der Engel der Sonne,
meine Seele und meinen Geist heiligen.
Möge die vollkommene Wahrheit
mein ganzes Wesen durchdringen!
Mögen meine Seele und mein Geist
das ewige Leben erfahren und Gefäß und Wohnstätte
der schöpferischen Allmacht Gottes sein,
damit sich das Reich Gottes
und seine Gerechtigkeit auf Erden
und das Goldene Zeitalter unter den Menschen
verwirklichen!
Amen, Amen, Amen.
So sei es, so sei es, so sei es!

Erhebt euch, um Reinheit zu finden

Um die Reinheit zu finden, muss man aufsteigen, sich mit dem Himmel verbinden. Unten findet man immer nur Unreinheiten und Schmutz, die schwersten und trübsten Elemente, Moder und Schlamm. Alles Durchsichtige, Kristalline und Ätherische muss oben gesucht werden. Darum wird dem, der sich darin übt, hoch hinaufzustreben, immer höher, bis zum Herrn, die Reinheit zuteil, ohne dass er darum zu bitten braucht. Denn schon allein in dem Bemühen, sich zu erheben, über sich selbst hinauszuwachsen, vollzieht sich eine Säuberung und Reinigung all seiner feinstofflichen Körper.

Will man Stoffe reinigen, bleichen oder entfärben, so taucht man sie in Dampfbäder oder Waschlaugen. Desgleichen ist es beim Menschen. Verbindet er sich mit dem Göttlichen, so ist er mit seinen höheren Schichten bereits in einer anderen Atmosphäre, in Wirbel und Schwingungen anderer Art getaucht, die an ihm wirken, sodass alle Flecken, alle Übertretungen ausgelöscht werden. Jawohl, oben gibt es vielerlei »Maschinen«, denen kräftige Dämpfe entströmen. Wenn man sich diesen Dämpfen aussetzt, wird man gereinigt. Legt ihr ein Taschentuch in ein Kästchen, das zuvor ein Parfum enthielt, so ist es, wenn ihr es wenig später wieder herausnehmt, von diesem Parfum durchtränkt. Auch ihr, wenn ihr euch in lichterfüllte, wohlriechende Gegenden begebt, so wird euer ganzes Wesen von den Quintessenzen dieser Regionen imprägniert, es wird davon durchstrahlt und mit seinen Düften erfüllt, und alle spüren, dass etwas Göttliches von euch ausströmt, eine Atmosphäre der Schönheit, der Reinheit, des Lichts. Glaubt mir, das ist die absolute Wahrheit.

Vergesst deshalb niemals, dass es, um sich zu reinigen und klarer zu sehen, nur eines gibt: sich anzugewöhnen, aufzusteigen, so hoch wie möglich aufzusteigen, dorthin, wo die besten Ideen, die besten Wünsche zu finden sind, alles, was an Bestem existiert, denn oben ist alles leuchtend und duftend.

Kapitel 7

Mitmenschliche Beziehungen

Dankesschuld

1. Was der Mensch seiner Familie, der Gesellschaft, seiner Rasse usw. schuldet

Der Mensch erhielt von seinen Eltern seine physische Gestalt, das Leben (drücken wir es so aus, obgleich nicht sie es geschaffen haben), Kleidung, Nahrung, Wohnung und Erziehung... Dies alles ergibt eine Schuld, die er abzutragen hat. Viele Kinder wollen es nicht wahrhaben. Sie kritisieren ihre Eltern, widersetzen sich ihnen, verabscheuen sie sogar... Das ist ungerecht. Die Eltern umgaben sie mit ihrer Liebe, haben für sie gelitten, ernährten, kleideten, schützten, pflegten sie, wenn sie krank waren, kümmerten sich um ihre Erziehung. Somit hat der Mensch als Erstes seinen Eltern gegenüber eine Dankesschuld.

Dann schuldet er außerdem der Gesellschaft oder seiner Nation etwas, denn sie vermittelte ihm ein ganzes Erbe an Kultur und Zivilisation durch ihre Museen, Bibliotheken, Laboratorien, Theater... Sie stellt ihm Züge, Schiffe, Flugzeuge zur Verfügung, Ärzte, die ihn heilen, Lehrer, um ihn zu unterrichten, Streitkräfte... ja, selbst eine Polizei zu seinem Schutz!

Aber auch seiner eigenen Rasse ist er etwas schuldig. Von ihr hat er die Farbe seiner Haut, seinen Körperbau, die seelische Veranlagung und Denkweise.

Und das ist nicht alles. Er hat ebenfalls dem Planeten, der Erde, die ihn nährte und trug, ja dem ganzen Sonnensystem gegenüber eine Schuld (denn dank der Sonne und der Planeten werden wir immerfort erhalten und belebt), dem ganzen Universum gegenüber und schließlich Gott.

Die meisten Menschen nehmen immer nur, ohne sich der ungeheuren Ausmaße ihrer Schulden bewusst zu sein... Der geistige Schüler dagegen sucht sich seiner Schulden bewusst zu werden und sie zu bezahlen. Zunächst liebt er deshalb seine Eltern, hilft ihnen, tut ihnen Gutes, um ihnen ihre Mühe und Arbeit zu vergelten. Ebenso gibt er auch der Gesellschaft, der Nation, der gesamten Menschheit, dem Sonnensystem, ja selbst dem Kosmos und Gott etwas zurück. Durch seine Tätigkeit, seine Gedanken, Gefühle, gibt er allen unermüdlich Gutes, und die Natur erkennt ihn als einen intelligenten Menschen.

2. Die Schulden der Schüler gegenüber ihrem Meister

Als Schüler habt ihr auch eurem Meister gegenüber eine große Dankesschuld. Ihr werdet sagen: »Na so was, wie viel müssen wir ihm geben?« Nichts, er selbst verlangt nichts, aber euch entsteht die Verpflichtung, eines Tages für andere das zu tun, was er für euch getan hat, euren Mitmenschen gegenüber dieselbe Opferbereitschaft aufzubringen, die gleiche Nachsicht auszuüben, ebenso viel Liebe entgegenzubringen. Damit tilgt ihr eure Schuld. Überall muss Gerechtigkeit walten. Auch mir wurde sehr viel zuteil. Der Himmel nahm sich und nimmt sich noch immer meiner an. Er belehrt und unterweist mich, und nun schulde ich ihm Dank für all die Gnade, all den Segen, für all den Überfluss, die überreiche Liebe, die er mir Tag und Nacht zukommen lässt. Wollt ihr wissen, wie ich diese Schuld begleiche? Indem ich für den Himmel arbeite, ihm den Weg bahne, damit Seine Pläne verwirklicht werden können. Glaubt ihr etwa, ihr macht eine Ausnahme? Welche Unwissenheit! Auch ihr werdet zahlen müssen.

Die Liebe in den Beziehungen

1. Liebt, ohne darauf zu warten, geliebt zu werden

Wenn ihr immer nur darauf wartet, dass man euch Liebe entgegenbringt, werdet ihr niemals glücklich sein, denn ihr zählt auf etwas zu Ungewisses. Einen Augenblick wird man euch lieben, aber wer weiß, was der nächste bringen wird. Auf die Liebe anderer darf man nicht zählen. Sie mag sich einfinden, euch sogar ununterbrochen zuteil werden. Wird sie euch geschenkt, so heißt sie willkommen, nur sollt ihr nicht auf sie zählen.

Darum sage ich euch: »Wollt ihr glücklich sein, so verlangt nicht danach, geliebt zu werden, sondern verschenkt selbst eure Liebe immerzu, und das Glück wird euch stets begleiten. Vielleicht kommt eines Tages eine große Liebe auf euch zu... Ja, warum nicht? Das kann kommen, nur wartet nicht darauf!« Ich habe dieses Problem folgendermaßen gelöst: Ich zähle auf meine Liebe, ich will lieben, und wenn die anderen nicht lieben wollen, so ist das ihre Sache, sie werden unglücklich sein – ich aber bin glücklich. Damit ist die Frage gelöst.

2. Die Eltern-Kind-Beziehungen

Die meisten Eltern bilden sich ein, die Schöpfer ihrer Kinder zu sein und sprechen sich das Recht zu, mit ihnen nach Belieben zu verfahren. Nein, die Eltern müssen wissen, dass sie lediglich das Haus des Kindes gebaut haben: seinen Körper. Seine Seele, die von weit herkommt, haben sie nicht erschaffen. Das Kind wird zu seinen Eltern gesandt wie in ein fremdes Land, um sich weiterzubilden. Die Familie, in die es kommt, ist gleichsam eine Pension, in der es wohnt, ernährt, erzogen und unterrichtet wird. Das Kind ist eine Seele, die aus weiter Ferne kommt, und seine Eltern sind lediglich die Erzieher, welche sich verpflichtet haben, es zu ernähren und zu erziehen, bis sein Himmlischer Vater es zurückverlangt.

Ist ein Kind bei einer Familie untergebracht, so kommen eines Tages, früher oder später, seine wahren Eltern, um es abzuholen. Sie fragen, wie viel sie denen schulden, die es betreut haben, und wenn das Kind gut versorgt wurde, sind sie sehr großzügig. Ebenso sollten alle Eltern wissen, dass ihre Kinder von Gott kommen und dass sie sie gut behandeln müssen, damit sie ihrem Himmlischen Vater später über die Fürsorge und Liebe berichten, mit der ihre Erzieher sie umgaben.

3. Die Beziehungen zwischen Mann und Frau

a) Die Liebe

Erst dann, wenn die Menschen einander richtig einzuschätzen gelernt haben, werden sie die Lösung der Probleme finden, die sie in der Liebe haben. Die Ursache aller Unordnung und aller Ausschreitungen liegt darin, dass die Männer nie gelernt haben, wie ihre Gesinnung den Frauen gegenüber sein soll, noch die Frauen, welche Gesinnung sie den Männern gegenüber haben sollen. Sieht der Mann in einer Frau nur das Weib, ein Lustobjekt, legt er bereits sein Verhalten ihr gegenüber fest und wird gezwungenermaßen seinen niedersten Neigungen freien Lauf lassen. Betrachtet er sie hingegen wie eine Gottheit, wird er ihr anders entgegentreten. Jesus sagte: »Es geschehe dir nach deinem Glauben.« Jawohl, Dinge und Menschen wandeln sich der Sichtweise entsprechend, die ihr ihnen gegenüber habt, das ist ein magisches Gesetz. Dies wurde aber noch nie erklärt. Man kann nicht darauf hoffen, die Ausdrucksform seiner Liebe verändern zu können, wenn man nicht seine Ansicht über den oder die ändert, die der Gegenstand dieser Liebe sind. Es ist sehr schwierig, die Liebe zu verändern, aber ändert ihr die Art und Weise, wie ihr jemanden betrachtet, so wirkt sich dies automatisch auf euch, auf eure Gefühle, auf eure Neigungen und auf euer Tun und Lassen aus.

Nach diesem Grundsatz handle ich, betrachte ich die Frau als eine Gottheit. Ihr werdet sagen: »Armer Freund, wie weit sind Sie von der Wahrheit entfernt! Wenn Sie wüssten, was die Frau wirklich ist!« – Glaubt ihr, ich weiß es nicht?... Ich will aber nicht daran denken. Es interessiert mich nicht zu erfahren, was sie in ihrer niederen Natur ist oder sein könnte. Mich interessiert allein, was sie in ihrem höheren Wesen als Gottesfunke, als Stellvertreterin der Göttlichen Mutter ist, als Poesie, als Schönheit. Auch ihr sollt eure Auffassung über sie ändern! Die Männer müssen ihre bisherige Meinung über Frauen ändern, und die Frauen hinsichtlich der Männer, sonst bleibt ihnen der Zugang zur Höherentwicklung versperrt, und sie machen keinen Fortschritt. Auch die Frau soll im Mann nur das Göttliche sehen...

Es ist ein großer Unterschied im Verhalten, ob man einen Menschen nur als eine Zusammensetzung von Molekülen und Atomen betrachtet oder als Manifestation der Seele beziehungsweise des Geistes.

Wollen Mann und Frau einander wahre Liebe geben, echte Beglückung und innere Befreiung erleben, müssen sie sich gegenseitig als Stellvertreter des Himmlischen Vaters und der Göttlichen Mutter betrachten. Andernfalls wird der Mann, wenn er seine Geliebte umarmt, auch all ihre Mängel und Schwächen umarmen und nicht zu etwas Höherem, Größerem, Reinerem, als sie es ist, gelangen, und ihre Liebe wird ein Ende haben.

Es bedarf also eines anderen Verständnisses, sodass der Mann die Frau als Stellvertreterin der Göttlichen Mutter sieht und die Frau den Mann als einen Aspekt des Himmlischen Vaters. Indem sie einander auf diese Weise sehen, verbinden sie sich mit etwas Höherem als sie selbst und sind einander mehr als nur Geliebte oder Geliebter. Sie halten in ihrer Seele, ihrem Herzen, ihren Armen einen Teil des Unendlichen, woraus ihnen Strahlen und Strömungen einer feineren Natur zufließen. Dann kommen Engel, Devas und Naturgeister herbei und bringen ihre Kräfte, ihre Freude den beiden Menschen, die sich in der schönsten Sprache der Schöpfung, in der Sprache der Liebe, unendlicher Liebe ausdrücken.

b) Der Alltag

Lasst uns einmal näher betrachten, wie es sich bei einem Ehepaar gewöhnlich verhält. Morgens, wenn der Mann zur Arbeit geht, sagt er: »Auf Wiedersehen, Schatz! ...« Sie umarmen sich, aber sehr kühl, und sind in Gedanken woanders. Sowie die Tür ins Schloss fällt, fängt die Frau an zu murren: »Wie konnte ich den nur heiraten! So was von träge, untüchtig und ungeschickt! Der Nachbar dagegen, wenn ich sein Auto sehe, und wie er seine Frau verwöhnt mit Pelzen und Schmuck... welch ein Jammer!« Sie klagt und schimpft: »Es ist nicht mehr auszuhalten – wenn er heute Abend heimkommt, werde ich's ihm sagen, er wird schon sehen!...« Und sie bereitet sich darauf vor. Den ganzen Tag über wettert sie und vergiftet sich selbst.

Der Mann seinerseits schimpft: »Ha, dieses L... (Ich erspare euch das Wort!), wie konnte ich nur so dumm sein, die zu heiraten! So was von gewöhnlich und dumm! Sie denkt nur ans Einkaufen und Spazierengehen mit ihrem Hund oder verbringt die Zeit mit Freundinnen im Café. Ich schufte mich hier ab in Staub und Lärm, um Geld nach Hause zu bringen, und sie faulenzt herum. So kann es nicht weitergehen! Wenn ich heimkomme, wird sie was erleben!« Auf diese Weise murrt jeder den ganzen Tag herum, und wenn sie sich am Abend sehen, streiten sie herum. – Und tags darauf beginnt alles von neuem.

Und so wird es aussehen, wenn Mann und Frau endlich ihre Einstellung ändern. Morgens, beim Abschied, umarmen sie sich sehr viel zärtlicher und liebevoller. Und wenn er fort ist, sagt sie: »Ach, der Arme, wenn ich an die Opfer denke, die er für mich bringt! Wie konnte er mich nur heiraten! Er ist ein so rechtschaffener, edler und aufrichtiger Mann! Vor allem wie viel Liebe beweist er mir! Wie zärtlich er mich umarmte! Den ganzen Tag über arbeitet er in Lärm und Staub, plagt sich ab, um meinen Unterhalt zu sichern. Ich dagegen bin frei, kann mich ausruhen, spazieren gehen, während er keine Minute zum Verschnaufen hat. Heute Abend, wenn er nach Hause kommt, werde ich ihm etwas Feines kochen.« So denkt sie den ganzen Tag an ihn und ist glücklich dabei. Er seinerseits denkt: »Warum hat sie mich nur heiraten können? Immerzu opfert sie sich auf, putzt, sorgt für die Kinder, pflegt, erzieht sie und findet nie Zeit, spazieren zu gehen. Ich gehe mit meinen Freunden in die Kneipe, diskutiere mit ihnen, während sie, die Arme, den ganzen Tag allein zu Hause ist. Sie ist wahrhaftig eine liebe, tüchtige Frau, ich werde etwas für sie tun!« Er kauft ihr Blumen oder ein Geschenk, um sie zu überraschen. Und abends, wenn sie sich wiedersehen, sind sie glücklich, umarmen sich und turteln. Was für eine Liebe!

In Wirklichkeit waren die Eheleute der zweiten Geschichte vielleicht nicht besser als die der ersten, nur war ihre Einstellung unterschiedlich, ihre Sichtweise der Dinge. Es ist nicht schwer, sich diese neue Lebensauffassung anzueignen. Wohl ist es nicht leicht, sich selbst in seinem Wesen zu wandeln, ändert man jedoch seine Sichtweise, so ändert sich alles andere von selbst.

Feindliche Beziehungen

1. Hass schafft ebenso starke Bande wie die Liebe

Wenn ihr jemanden verachtet, so ist es dasselbe, wie wenn ihr ihn liebt: Ihr schafft damit eine Bindung zu ihm. Hass ist ebenso mächtig wie Liebe. Wollt ihr von einem Menschen frei werden, ihn nie wiedersehen, so dürft ihr ihn nicht hassen. Seid ihm gegenüber gleichgültig! Mit eurem Hass kettet ihr euch an ihn, und nichts vermag diese Fesseln zu lösen. Ihr bleibt mit ihm verstrickt und habt jahrelang mit ihm zu tun. Der Hass ist eine Kraft, die euch an die Person bindet, die ihr hasst. Genauso ist es mit der Liebe, nur ist die Bindung anderer Art. Liebe bringt euch bestimmte Dinge und der Hass bringt euch andere, aber genauso sicher und stark wie die Liebe.

2. Die Liebe als Mittel der Verteidigung

Liebt eure Feinde, um euch vor ihnen zu schützen. Verabscheut oder hasst ihr sie, beschädigt ihr eure Aura, sie bekommt Risse, durch die eine Verbindung mit allem Negativen und Schädlichen, das von euren Feinden ausgeht, hergestellt wird, und ihr empfangt so deren Bosheit und Hass, die, wenn sie von euch Besitz ergriffen haben, ihr Zerstörungswerk beginnen. Darum sagte schon Jesus: »Liebet eure Feinde.« Jesus kannte dieses Gesetz, er wusste, dass man verwundbar wird, wenn man jemanden hasst. Um sich zu verteidigen, muss man sich in der unbezwingbaren Festung der Liebe verschanzen. Seine Feinde zu lieben, ist mit das Schwerste, aber es ist das einzige Mittel, sich gegen sie zu verteidigen.

3. Beleidigungen als Gelegenheit zu geistigem Schaffen nutzen

Bei der kleinsten Kränkung, der geringsten Beleidigung sagt euch eure niedere Natur: »Los, erteile ihm eine Lektion, gib es ihm zurück, schlag ihn zusammen!« und ihr führt diesen Befehl eiligst aus. Eure höhere Natur hingegen rät: »Mach dir nichts daraus, lass es gut sein! Nütze jetzt aber die Gelegenheit aus, verwerte, vergeistige, verwandle diese Kränkung; du bist ein Alchimist, mach Gold daraus! Ihr beginnt eine großartige Arbeit und gewinnt dabei. Werdet ihr angegriffen, ungerecht kritisiert, sagt euch eure höhere Natur außerdem: »Wozu stundenlang jammern, wenn du doch eine Gelegenheit hast, an dir zu arbeiten! Du solltest sogar dem Himmel danken, denn diese Person, die dich anfeindet, wurde dir gesandt, damit du die Möglichkeit hast zu wachsen, und du stehst da und klagst? Du bist wirklich zu dumm!« Der wahre Schüler hört nicht auf seine niedere Natur, er will nicht immer beleidigt, gekränkt, schwach, sentimental, launisch, unausgeglichen, verwirrt und durcheinander bleiben. Deshalb sucht er in allem, was ihm zustößt, das Gute und macht sich an die Arbeit.

4. Eine Methode, wie man verzeihen kann

Wer an Geisteskraft arm und schwach ist, kann nicht verzeihen, er trachtet nur nach Rache. Um dem zu vergeben, der einem Böses tat, muss man groß, innerlich reich, stark und weise werden. Man muss sich sagen: »Ich verzeihe ihm, denn der Arme weiß nicht, in welch widrige Lage er sich bringt, indem er mir dies antut, denn die Gesetze der göttlichen Gerechtigkeit sind unerbittlich, er wird leiden, um das Böse wiedergutzumachen, das er mir angetan hat, während ich, auch wenn ich der Betroffene bin, das Glück habe, für das Gute, das Reich Gottes und das Licht zu wirken.« Wenn ihr solche Gedanken hegt, indem ihr die Herrlichkeit, in der ihr lebt, weil ihr diesen Weg gewählt habt, mit der Erbärmlichkeit und Finsternis derer vergleicht, die ungerecht und boshaft handeln, überkommt euch ein Gefühl des Mitleids, der Nachsicht und der Liebe. So erwerbt ihr auf leichte Weise jenen Großmut, den ihr auf keine andere Art hättet erwerben können.

Einige werden erwidern: »Aber eine solche Haltung ähnelt sehr stark der des Pharisäers aus dem Evangelium, der im Tempel betete und Gott dafür dankte, nicht so zu sein wie alle anderen Menschen, vor allem nicht wie jener armselige Zöllner, der unweit von ihm kniete. Das ist Hochmut!« Keineswegs. Der Pharisäer brüstete sich, weil er zweimal in der Woche fastete und den Zehnten aller seiner Güter gab. Ohne jeglichen Grund verachtete er den Zöllner, der vielleicht weit besser war als er. Die Einstellung, die ich meine, ist eine ganz andere. Was ich euch erkläre ist Folgendes: Wenn ihr Opfer von Verleumdungen und Ungerechtigkeit werdet, sollt ihr euch der ganzen Herrlichkeit, die Gott euch verlieh, erinnern, während dies eurem Feind fehlt und einsehen, dass ihr in Wirklichkeit ein großes Vorrecht besitzt. Für den Augenblick triumphiert zwar euer Feind, es gelang ihm, euch zu schaden, dennoch ist er zu beklagen, denn wer Böses tut, ist immer beklagenswert. Auf die eine oder andere Weise wird die göttliche Gerechtigkeit ihn eines Tages strafen. Ihr seht, es ist eine ganz andere Einstellung, und in eben diesem Sinne müssen auch Jesu Worte verstanden werden: »Vater, vergib ihnen, denn sie wissen nicht, was sie tun!«

5. Wie man seine Feinde besiegt, indem man sich über sie erhebt

Man denkt, man kann einen Feind loswerden, ihn bezwingen, indem man unablässig schlecht über ihn spricht. Niemals! Man kann nicht seine Feinde besiegen, solange man ihr Bild ständig mit sich trägt; früher oder später werden sie die Siegreichen sein. Böse Menschen kann man nicht durch Bosheit besiegen, Verleumder nicht durch Verleumdung, Eifersüchtige nicht durch Eifersucht und Jähzornige nicht durch Zorn, denn das hieße, sich ihnen gleichstellen, sich mit ihnen identifizieren und sich auf die gleiche Stufe mit ihnen stellen.

Um sich zu schützen, unanfechtbar zu sein, muss man die Ebene wechseln, das heißt, nicht in denselben Schwingungen und Schwächen, denselben Ausstrahlungen wie euer Feind bleiben; denn wenn er stärker ist als ihr, wird er euch verletzen. Ihr müsst euch hochschwingen, das heißt, in die edelsten, reinsten, klarsten Sphären aufsteigen. Seid ihr einmal mit Hilfe eures Willens, eurer Meditation und eures Gebets aufgestiegen, kann euch euer Feind nichts mehr anhaben, weil eure Schwingungen völlig verschieden von seinen Schwingungen sind. Wenn ihr im Schutz der Liebe, des Lichts und der himmlischen Macht weilt, können euch nicht nur die bösen Gedanken nicht mehr erreichen, sondern sie fallen auf eure Feinde zurück und diese werden zerfleischt und vernichtet.

Auf diese Weise gelingt es Eingeweihten, Weisen und großen Meistern, ihre Feinde zu besiegen. Sie führen ein so reines, edles und aufrichtiges, lichtstrahlendes Leben, dass früher oder später zerbricht, wer auch immer sie anzugreifen versucht, weil es einen Bumerangeffekt gibt. Dieser Effekt erfolgt aber nicht, solange ihr wie euer Feind schwach, böse und sinnlich seid, vielmehr nehmt ihr dann allen Schmutz auf, den er euch schickt. Seid ihr jedoch geistig stark überlegen, so wird euer Leben, das ihr führt, für euch zum Schutzwall. Es wirft alles Böse und Negative dem zurück, der es geschickt hat. Wollt ihr also in Schutz und in Sicherheit leben, müsst ihr, was immer man euch sagt oder euch antut, euer Leben ändern, euch in andere Bereiche aufschwingen, wo ihr unverwundbar seid.

Methoden, um der ganzen Menschheit zu helfen

1. Lichtvolle Gedanken dem Staatsoberhaupt senden

Die meisten Menschen haben nur Kritik und Verwünschungen für die übrig, die an regierender Stelle stehen. Ja, um das Volk zu amüsieren, werden überall, in Zeitungen, im Kabarett und auf Theaterbühnen jene auf lächerliche und groteske Art und Weise dargestellt, die die Verantwortung des Landes tragen. Und die Bedauernswerten, die von diesen üblen und bösartigen Angriffen belastet sind, werden dazu getrieben, für ihr Land nachteilige Entscheidungen zu treffen, und ihre Fehler schaden dann dem ganzen Volk. Wollt ihr eurem Land helfen, müsst ihr mit euren guten Gedanken den erreichen, der es regiert, ihm Licht senden, damit er immer gute Ideen hat. Ihr könnt nicht eurem ganzen Vaterland helfen, denn es ist viel zu groß, es genügt, einem Menschen beizustehen, nur diesem einen, das ist leichter, und er wird zum Wohle aller wirken, weil sehr Vieles von ihm abhängt. Gelingt es ihm, Gesetze und Vorschriften durchzusetzen, die der Volksgesundheit, dem Wohnungsbau und dem Erziehungswesen dienen, wird die gesamte Bevölkerung den Segen davon haben, nur weil ein einziger Mensch klar gesehen hat.

2. Wie man die Menschheit als ein Einzelwesen betrachtet, dem man Hilfe schickt

Man denkt im Allgemeinen, es sei nicht möglich, auf die gesamte Menschheit einzuwirken, ihr zu helfen, sie zu bessern und sagt: »Es sind so viele, es ist unmöglich!« – Es scheint unmöglich, es scheint zu gigantisch. Würde man aber bestimmte Methoden kennen, ließe es sich verwirklichen.

Versucht euch beispielsweise vorzustellen, die Menschheit sei ein einziges Wesen, ja, stellt euch alle Menschen in einem zusammengefasst vor, der vor euch steht. Ihr haltet seine Hand und gebt ihm viel Licht und viel Liebe dabei. Im selben Augenblick gehen aus eurer Seele feinste Teilchen in alle Richtungen hinaus, und was ihr für diesen einen tut, wird auf alle Menschen ausstrahlen, die dann höhere Gedanken und Wünsche hegen werden.

Wären es Hunderte, Tausende hier auf Erden, die diese Übung ausführten, würde man es erleben, wie ein neuer Hauch, ein göttlicher Hauch die Menschen durchströmt, und eines Tages, ohne zu wissen warum, würden sie völlig umgewandelt erwachen.

Kapitel 8

Beziehungen zur Natur

Sich bewusst werden, dass die Natur lebt

Wenn ein Eingeweihter morgens seine Tür öffnet, begrüßt er die ganze Natur, die Bäume, den Himmel, die Sonne... Er begrüßt den Tag und die ganze Schöpfung. Ihr fragt euch, was ihm das bringt... Nun ja, er verbindet sich damit sofort mit der Quelle des Lebens. Ja, weil ihm die Natur antwortet. Wie oft begrüße ich morgens, wenn ich in meinen Garten hinausgehe, die Engel der vier Elemente: der Erde, des Wassers, der Luft und des Feuers, ja sogar die Gnome, die Undinen, die Sylphen und Salamander. Dann sieht man sie, wie sie singen, tanzen und zufrieden sind. Und auch den Bäumen, den Steinen, dem Wind rufe ich zu: »Seid gegrüßt! Seid gegrüßt!« Versucht ihr es auch, so fühlt ihr innerlich, wie etwas ins Gleichgewicht kommt, sich harmonisiert und viel Unklarheit und Unverständnis von euch weicht, ganz einfach weil ihr beschlossen habt, die lebendige Natur mit ihren Bewohnern zu grüßen.

Die geistigen Schüler wissen, dass alles lebt. Darum sind sie achtsam gegenüber den Pflanzen, den Insekten, den Steinen. Manchmal streicheln sie sachte einen Felsen und sagen zu ihm: »Hab Geduld, eines Tages wirst Du aus diesem Gefängnis befreit werden!« Denn in dem Felsbrocken befindet sich eine Wesenheit, die eingeengt und gefangen ist und darauf wartet, dass man den Felsen in kleine Stücke sprengt, damit sie endlich frei wird. Die Bruchstücke der Steine befinden sich in der Tat in einer besseren Situation für ihre Weiterentwicklung. Sie werden nach und nach zu Staub und Erde, bereit, vom Pflanzenreich aufgenommen zu werden.

Kommt ein Schüler an einem Felsen vorbei, so kann er zu diesem auch sagen: »Wie sehr bewundere ich deine Geduld! Seit Jahrtausenden bist du hier, Wind und Wetter, Frost und größter Hitze ausgesetzt, und nie beklagst du dich. Ich spreche dir meine Anerkennung aus und bitte dich, gib mir ein wenig von deiner Widerstandskraft und Beständigkeit!« Ihr denkt vielleicht, an einem solchen Verhalten sei nichts Besonderes, es sei eher lächerlich. Ich kann euch aber versichern, wenn ihr dies einige Male voller Liebe und Vertrauen macht, nehmt ihr die Kraft und Festigkeit in euch auf, die dem Felsen innewohnt und strahlt sie dann aus.

Ein geistiger Schüler bringt der Natur und den unsichtbaren Wesen, die sie bewohnen, größte Aufmerksamkeit entgegen. Für ihn ist die Erde etwas Heiliges, Lebendiges, von zahllosen Wesen bevölkert. Ihr mögt denken: »Was macht es schon aus, ob ich der Erde Achtung entgegenbringe oder nicht? Für sie ändert das nichts, weder nütze noch schade ich ihr.« Natürlich, ihr sollt sie nicht ihretwegen ehrerbietig behandeln, sondern euretwegen! Seid ihr Steinen, Pflanzen und Tieren gegenüber achtsam, so entwickelt sich euer Bewusstsein für die unsichtbare Welt immer mehr. Daran habt ihr sicherlich nie gedacht... Schüler einer Einweihungslehre zu sein bedeutet, das Bewusstsein dafür zu entwickeln, dass jedes Ding lebendig ist, um es zu achten, bewahren und zu schützen und das bedeutet, in sich den konstruktiven Geist zu vertiefen.

Die Naturgeister zum Mitwirken für das Reich Gottes einladen

In der Natur lebt eine Vielzahl für den Menschen unsichtbarer Wesen, denen man je nach dem Element, den Ländern und Orten, in denen sie leben, die verschiedensten Namen gegeben hat: Elfen, Feen, Gnome, Salamander, Sylphen, Undinen, Nymphen, Baumnymphen, Sirenen, Meernymphen, Quellnymphen, Kobolde... Und wenn ihr durch einen Wald geht oder auch sonst in der Natur wandert, solltet ihr bedenken, dass diese überaus feinfühligen, wachen Geschöpfe euch sehen. Es ist daher ratsam, mit ihnen Verbindung aufzunehmen, indem man ihnen zeigt, dass man ihre Arbeit schätzt. Denn diese Naturgeister sind hocherfreut, wenn man die Schönheit und Nützlichkeit ihrer Arbeit anerkennt und wenn sie sehen, dass ihr sie schätzt, dann sind sie euch freundschaftlich gesinnt, lächeln euch zu, tanzen vor euch, ja, beschenken euch vielleicht sogar mit Lebenskraft, Freude, dichterischen Eingebungen und Hellsichtigkeit...

Ihr könnt auch zu ihnen sprechen. Zu einem Baum könnt ihr zum Beispiel sagen: »Wie schön bist du, wie kräftig, widerstandsfähig und stark! Du vermagst Jahrhunderte zu überdauern, ach, hätte ich nur so viel Beständigkeit und Festigkeit wie du! Ich trage dir auf, allen Bäumen dieses Waldes zu sagen, dass sie herrlich sind und ich sie liebe! Grüße jeden Einzelnen von mir und umarme sie in meinem Namen!« Und ihr umarmt den Baum, der dann eure Liebe dem ganzen Wald weitergibt. Alsdann werden, während ihr euren Weg fortsetzt, zahlreiche Baumgeister hervorkommen, um euch zu sehen. Sie strahlen vor Freude und tanzen um euch herum, und vielleicht seht ihr sogar ein großes Geistwesen erscheinen, das euch mit lichtsprühenden Augen ansieht. Das ist der Waldfürst, eine Art Egregorium,* das

* Eine Art psychisches Wesen, das vom Fluidum einer Kollektivität gebildet wird. Siehe auch Band 208 der Taschenbuchreihe Izvor »Das Egregore der Taube – Innerer Friede und Weltfriede«.

alle diese Geschöpfe in sich vereint, ihre Seele bildet und eine schillernde Farbenpracht ausstrahlt. Auf dem Heimweg fühlt ihr euch beglückt und ihr spürt, dass dies das wahre Leben ist.

Sprecht also zu den Naturgeistern, ja, ladet sie ein, etwas zur Ehre Gottes zu tun. Sagt ihnen: »Nun, womit beschäftigt ihr euch? Ihr solltet der Universellen Weißen Bruderschaft helfen, die es sich zur Aufgabe macht, die Menschen aufzuklären und zu bessern, damit das Reich Gottes auf die Erde kommt. Helft uns! Versammelt euch, verbreitet mit euren kleinen Posaunen Botschaften über die ganze Welt!« Und alsbald werden sie, genau wie die Urvölker, die einander mit Trommeln und dem Rauch von Feuern auf den Hügeln Nachrichten vermitteln, nach allen Seiten Botschaften aussenden und für das Reich Gottes tätig sein.

Steht ihr an der Meeresküste, am Ozean, könnt ihr zu allen Bewohnern des Wassers sprechen. Ruft ihnen zu: »Was macht ihr? Schart euch zusammen und teilt den Menschen auf jedem vorbeikommenden Schiff mit, dass sie sich wandeln und bessern sollen!« – Sie werden euch hören und euren Befehlen nachkommen. Natürlich sind die Menschen etwas dickfellig und zäh, sie lassen sich nicht so leicht beeinflussen, aber das macht nichts, alle die von euch aufgerufenen Naturwesen haben sich bereits ans Werk begeben. Ihr habt ihnen Arbeit gegeben und sie lieben es, dass man ihnen Arbeit gibt. Die meisten unter ihnen wissen nicht, was es heißt, für eine göttliche Idee zu arbeiten, sie haben keinerlei Moralbegriffe. Sie wissen nicht, was Gut und Böse ist. Sie fühlen nur eine unbestimmte Furcht vor einer kosmischen Kraft, die sie nicht besonders gut kennen. Darum haben es auch gewisse Okkultisten so leicht, sie zu schwarzmagischer Tätigkeit zu verwenden, denn sie machen ohne weiteres mit. Da ihnen jeglicher Sinn für Moral fehlt, kann man sie sowohl für das Gute als auch für das Böse nutzen. Warum sie dann nicht zu guten Zwecken, zur Verwirklichung des Gottesreichs einsetzen?

Unsere Dankesschuld der Natur gegenüber

Für all das, was wir aus der Natur nehmen, Luft, Wasser, Wärme, die Strahlen der Sonne usw... entsteht uns eine Schuld. Und da wir diese Schuld nicht mit Geld bezahlen können, müssen wir sie mit unserer Liebe, unserer Dankbarkeit, unserer Achtung und dem Willen, alles zu studieren, was sie in ihrem großen Buch niedergeschrieben hat, bezahlen. Außerdem bezahlen wir damit, dass wir allen Geschöpfen, die in ihr leben, Gutes tun, ihnen unsere Wärme, unser Licht geben. Auf diese Weise können wir bei der Natur bezahlen. Wir brauchen weder die Luft, die wir atmen, als Luft zurückzugeben, noch das Wasser, das wir in Form von Wasser trinken. Wie wollten wir auch Luft oder Wasser oder auch Wärme und Licht der Sonne herstellen?... Wir haben unseren Körper von der Erde bekommen und werden ihn ihr eines Tages wiedergeben, wir können nicht anders. Aber einstweilen, solange wir am Leben sind, behalten wir ihn, er wird nicht von uns zurückverlangt. Was wir jedoch geben können, das sind unsere lichtvollen Ausstrahlungen, denn der Mensch wurde in den Werkstätten Gottes erschaffen, um zu leuchten und zu strahlen, um Licht in das ganze Universum auszusenden. Er hat eine Quintessenz aus Licht bekommen, die er immerfort steigern, beleben und in den Raum hinaussenden kann, vorausgesetzt, er hat sich darin geübt, sonst verbreitet er nur Finsternis.

Im Physischen sind uns Grenzen gesetzt, im Geistigen hingegen verfügen wir über unendliche Möglichkeiten, und wir können das, was uns zuteil wurde, hundertfach zurückgeben.

Kapitel 9

Die Sonne – Die Sterne

Die Sonne

Die Menschen sind sich noch nicht im Klaren über die Bedeutung der Sonne.* Selbstverständlich befasst sich die Wissenschaft immer mehr mit ihr, jedoch um materiellen Gewinn aus ihr zu ziehen, sie in Flaschen abzufüllen, zu verkaufen. Denn man interessiert sich immer nur für den technischen, industriellen und kommerziellen Aspekt der Dinge. Was den geistigen Aspekt betrifft, ist man weit entfernt, so weit! Sogar die Theologen – insbesondere sie – sind weit entfernt. Nun, gerade diesen geistigen Gesichtspunkt muss man jetzt verstehen, das was die Sonne und ihre Strahlen darstellen, wie der Mensch sich geistig entwickeln kann dadurch, dass er die Sonne kennen lernt und die Übungen mit der Sonne praktiziert, dadurch dass er lernt, sie anzuschauen, zu interpretieren, sich in sie einzufühlen und sich mit ihr zu identifizieren.

Vorbereitung zum Sonnenaufgang

Wenn ihr zum Sonnenaufgang gehen wollt, solltet ihr euch bereits am Abend vorher darauf vorbereiten: Nicht zu viel essen, euch nicht zu spät schlafen legen, nichts unternehmen, was euch noch am nächsten Morgen beschäftigt und bedrückt, sondern

* Über die Sonne siehe Band 10 der Reihe Gesamtwerke »Sonnen-Yoga, Surya-Yoga«.

alles so einrichten, dass ihr innerlich frei seid, das Denken klar und Friede im Herzen ist, ohne dass ihr etwas zu erledigen, zu bereuen oder wiedergutzumachen habt. Andernfalls sind eure Reserven am anderen Tag aufgebraucht und ihr döst vor euch hin, anstatt die für euch, für die Gesellschaft sowie den ganzen Kosmos so überaus wichtige Arbeit zu machen. Denn wir sind ein Teil des Kosmos und dürfen unsere Existenz nicht von ihm getrennt sehen. Wenn ihr also bestimmte Regeln beherzigt und am Morgen völlig auf diese geistige Arbeit konzentriert hierher kommt, in dem Wissen, dass eure Zukunft, euer Glück, eure Gesundheit und euer Gleichgewicht von ihr abhängen, dann werdet ihr diesen Reichtum erhalten, der sich beständig aus der göttlichen Quelle, der Sonne, ergießt.

Gebet beim Aufstieg zum Felsen

»Engel der Erde,
Engel des Wassers,
Engel der Luft,
Engel des Feuers,
ich liebe euch, seid gepriesen, seid gepriesen, seid gepriesen!
Und ihr, ihr Gnomen, Sylphen, Undinen und Salamander,
auch euch liebe ich sehr, seid gepriesen!«

Anleitung zur Meditation beim Sonnenaufgang

Im morgendlichen Frieden und Licht beginnt ihr zu meditieren – aber behutsam, ohne euch sogleich angestrengt auf die Sonne zu konzentrieren. Werft zuerst einen Blick in euer Innerstes, um zu sehen, in welchem Zustand die Bewohner sind. Und wenn dort Lärm ist und Radau, so versucht, sie zu besänftigen, alles ins Gleichgewicht zu bringen, denn erst wenn ihr euch davon befreit habt, Harmonie und Frieden in euch eingekehrt sind, könnt ihr euch zur Sonne aufschwingen.

Konzentriert euch aber nicht immer auf die gleichen Themen, ihr könntet ihrer zu schnell überdrüssig werden! Es ist wie bei der Nahrung, man muss abwechseln, jedoch stets im Rahmen vegetarischer Speisen. Ich bin deshalb verpflichtet, euch eine Vielzahl von Methoden anzugeben, indem ich euch unaufhörlich neue Aspekte der Sonne vorstelle, damit ihr, wenn ihr morgens hier auf dem Felsen oder anderswo meditiert, das findet, was euch gerade an dem Tag anspricht; am nächsten Tag wählt ihr euch ein anderes Thema...

Um alles, was euch erklärt wurde, besser anwenden zu können, rate ich euch, es aufzuschreiben, eine kleine Liste zu erstellen, wie die Köche es mit dem Speiseplan tun, euch die Methoden, Formeln und alles, was ich euch über die Sonne sage, darauf zu vermerken. Jeden Tag nehmt ihr diese kleine Liste vor: »Mal sehen – dies sagt mir heute nichts, das auch nicht... aber das hier ist genau das Richtige! Das brauche ich!« Und ihr lasst es euch schmecken, weil euch dann die Meditation gelingt. Doch Vorsicht, es ist nicht sicher, dass die gleiche Methode am darauf folgenden Tag gelingt. Dann wechselt am nächsten Morgen das Menü, wählt euch ein neues Meditationsthema.

Einige Meditationsthemen

1. Die Suche nach dem Zentrum

Die Sonne ist das Zentrum des Sonnensystems, und alle Planeten kreisen um sie in harmonischer Bewegung. Diese harmonische Bewegung der Planeten um die Sonne müssen wir unseren eigenen Zellen aufprägen. Dafür aber müssen wir auch das Zentrum, die Sonne, den Geist, Gott in uns finden. Dann schwingen alle Teilchen unseres ganzen Wesens im Einklang mit dem Rhythmus des universellen Lebens, und was wir dann an Empfindungen und Bewusstseinszuständen erleben, ist so wunderbar, dass es sich mit Worten nicht beschreiben lässt.

Je mehr wir uns mit unserem Geist, unserer Seele, unserem Denken, unserem Herzen und unserem Willen der Sonne nähern, desto mehr nähern wir uns dem universellen Zentrum, welches Gott ist, denn auf materieller Ebene ist die Sonne das Symbol Gottes, Sein sichtbares, erfassbares Abbild, und all die abstrakten Namen, die man Gott gibt wie Quelle des Lebens, Schöpfer des Himmels und der Erde, Anbeginn allen Seins, allmächtiger Gott, Universalseele, kosmische Intelligenz, lassen sich in dem für uns so konkreten und nahe liegenden Bild der Sonne zusammenfassen. Ja, wir können die Sonne als Zusammenfassung, als Synthese all der erhabenen, abstrakten Vorstellungen betrachten, die unser Auffassungsvermögen übertreffen. Im physischen Bereich, in der Materie, ist die Sonne die Pforte, die Verbindung, der Mittler. Dank der Sonne können wir zum Herrn finden.

Wenn ihr morgens die Sonne kontempliert, kontempliert ihr den zentralen Punkt, den Geist, das Auge Gottes... Deshalb betrachtet die Sonne jedes Mal mit dem Wunsch, euch dem Zentrum, eurem eigenen Zentrum zu nähern. Allein schon durch das Anschauen der Sonne nähert ihr euch dem Zentrum des Sonnensystems, und das gleiche Phänomen vollzieht sich in euch selbst. Euer Bewusstsein nähert sich eurem eigenen Zentrum, eurem Geist, und ihr findet Licht, Frieden, Freiheit und Kraft. An dem Tage, da ihr euch dazu entschließt, diese Arbeit bewusst zu tun, spürt ihr, dass zwischen der Sonne und euch Wellen zu zirkulieren beginnen, die Formen, Farben, eine neue Welt erschaffen.

2. Wie man feinstofflichen Elemente auffängt, die in der Sonne enthalten sind

Die Sonne ist der Ursprung und der Vater aller Dinge, der Urgrund allen Seins. Die Erde und alle anderen Planeten sind aus ihr hervorgegangen, von ihr wurden sie gezeugt. Darum enthält die Erde auch dieselben Elemente wie die Sonne, jedoch in festem, verdichtetem Zustand. Die Mineralien, Metalle, Edelsteine, Pflanzen, Gase, die fein- und grobstofflichen Körper im Erdboden, im Wasser, in der Luft und im Äther entstammen der Sonne. Selbst die pharmazeutischen Produkte sind aus mineralischen und pflanzlichen Substanzen aus der Sonne hergestellt. Konzentriert sich der Schüler also auf die Sonne, kann er die für sein Wohlbefinden und seine Gesundheit notwendigen Elemente in ihrer ursprünglichen Reinheit aufnehmen.

Das ist tatsächlich sehr einfach. Es ist nicht einmal nötig zu wissen, welches Element die Gesundheit wiederherstellt. Ihr steigt in Gedanken lediglich bis hinauf bis in die feinsten, köstlichsten und subtilsten Regionen und verweilt dort, hingegeben an all diese Strömungen. Dann werden eure Seele und euer Geist, die sehr kompetente Chemiker und mit der Beschaffenheit aller ätherischen Substanzen bestens vertraut sind, das auffangen, was ihr braucht und alles andere beiseite lassen. Ihr wartet ab in Liebe und Demut, in Freude und Vertrauen, und einige Zeit später, wenn ihr zurückkehrt, fühlt ihr euch wiederhergestellt, beruhigt und gestärkt. So sollt ihr vorgehen.

Es ist fürs Erste noch unwichtig, ob ihr die Natur dieser Elemente kennt oder nicht. Merkt euch nur, dass sie im Prana enthalten sind. Das Prana ist eine lebendige Kraft, die der Sonne entstammende Lebensenergie, die man mit der Luft einatmet und mit all seinen Körperzellen aufnimmt. Das Prana ist dem Quellwasser vergleichbar, wenn ihr so wollt, das vom Gebirge herabfließt, einem Strom, der unzählige Nährstoffe für die Fische sowie für die an seinen Ufern lebenden Tiere und Menschen enthält. Das Prana ist ein Fluss, der aus der Sonne zu uns herabfließt, aus dem wir mit Hilfe der Atmung und der Meditation alle Elemente schöpfen können, die wir brauchen.

3. Die Sonne betrachten, um ihr ähnlich zu werden

Beim Betrachten eines Gegenstandes wisst ihr nicht, ob er eine Gefahr oder ein Glück für euch birgt. Ja, es hängt von dessen Beschaffenheit, seiner Form, seinen Ausstrahlungen und auch von eurer inneren Verfassung ab, denn ihr nehmt dabei mit eurem ganzen Wesen Form, Umrisse und Eigenschaften des betrachteten Gegenstandes in euch auf. Ihr entgegnet: »Aber der Mensch verändert doch seine Form nicht!« Rein äußerlich bleibt er natürlich der Gleiche, aber innerlich, im Psychischen gleicht er sich dem an, was er betrachtet. Das ist ein Naturgesetz. Und wenn wir die Sonne ansehen, nimmt unsere Seele, ohne dass wir es wissen, die Form der Sonne an. Sie wird zu einer weißglühenden und leuchtenden Kugel. Dasselbe magische Gesetz tritt auch hier in Kraft. Indem wir die Sonne anschauen, wird unser innerstes Wesen ihr gleich.

Ihr alle werdet eines Tages wie die Sonne, vorausgesetzt ihr wisst, wie man sie mit viel Liebe und voller Vertrauen betrachtet. Dann werdet ihr lichtvoller, warmherziger und lebendiger, und geht ihr unter Menschen, so gebt ihr ihnen einige Teilchen

Licht, Wärme und Leben. Geht ihr mehrere Jahre lang bewusst immer wieder zur Sonne, manifestiert sich dieses Gesetz mit voller Kraft, und ihr werdet wahrhaftig eine Sonne.

4. Die Verbindung mit dem höheren Ich

Stellt euch vor, ihr wärt schon da oben in der Sonne und seht euch von dort selbst auf dem Felsen sitzen. Ihr geht aus eurem Körper heraus, trennt euch von ihm und amüsiert euch damit, euch anzusehen, und ihr lächelt über euch und sagt: »Oh, der Arme, schau mal an, wie klein, wie lustig er ist! Und das soll ich sein! Aber ich werde ihm helfen!« Und schon bei dieser Imaginationsübung beginnt ihr die Brücke wiederherzustellen. Jeden Tag... Wie lange dieser Wiederaufbau dauert, weiß man nicht, denn das wird nicht mit Eisen, Beton oder Stahl bewerkstelligt, sondern mit einer anderen Materie, nämlich der feinstofflichsten, mit der Materie der Mentalebene.

Selbst wenn er es nicht fühlt, wohnt der Mensch mit einem extrem feinstofflichen Teil seines Wesens tatsächlich in der Sonne. Dieser Teil von ihm, diese Wesenheit, die in der Sonne wohnt, ist sein höheres Selbst. Unser höheres Selbst wohnt nicht im physischen Körper, denn sonst würde es dort Wunder vollbringen. Nur ab und zu tritt es in Erscheinung, indem es mit unserem Gehirn Verbindung aufnimmt. Da das Gehirn aber noch nicht so weit entwickelt ist, diese Schwingungen zu ertragen und sich mit ihm zu vereinen, kann dieser Kontakt nicht von Dauer sein.

Nun hat eben diese Arbeit, die wir frühmorgens mit der Sonne mit Hilfe unserer Meditationen und Gebete ausführen, zum Ziel, dieses Band wiederherzustellen, zwischen unserem niederen Ich und dem in der Sonne wohnenden göttlichen Ich eine Brücke zu schlagen. Sobald die Brücke gebaut ist, kommt die Verbindung zustande, und wir kehren zu unserem höheren

Ich zurück, das in Glück und reiner Freude, in unbegrenzter Freiheit bei Gott lebt. Ja, ein Teil unserer selbst wohnt bereits in unbeschreiblicher Glückseligkeit in Gott.

Die Sonne ist uns eine große Hilfe, die Brücke zwischen uns und unserem höheren Ich wieder zu schlagen. Ohne sie würde der Mensch noch jahrtausendelang in der irrigen Philosophie des Abgetrenntseins verbleiben, ohne jemals die Fülle zu finden, nach der er sich sehnt. Er muss die Philosophie der universellen Einheit annehmen, diesen Gesichtspunkt, der darin besteht, sich eins zu fühlen mit dem Schöpfer, mit den himmlischen Wesen, den Engeln, Erzengeln und Gottheiten. Dank dieser Philosophie nähert er sich rasch und erfolgreich der Urquelle.

5. Die Sonne besuchen

Wenn ihr in der Sonne angekommen seid, stellt euch auch vor, dass ihr den dort regierenden Erzengel Michael besucht, mit ihm sprecht, dass er euch in die Arme schließt, euch Geheimnisse offenbart, euch sein Licht gibt und ihr von Zeit zu Zeit etwas von dem, was ihr bekommen habt, dem Wesen dort unten auf dem Felsen zukommen lasst, dem Wesen, das ihr sozusagen selber seid, das ihr aber nicht wirklich seid. Dadurch fühlt ihr nach und nach eine große Bewusstseinserweiterung und himmlischen Frieden in euch einziehen, und danach folgen Offenbarungen um Offenbarungen... Auf diese Weise könnt ihr neue Fähigkeiten, neue geistige Zentren zur Entfaltung bringen, das Wesen der Dinge durchdringen, verstehen und allmählich zu einem außergewöhnlichen Menschen werden, der zwar rein äußerlich weiterhin allen anderen Menschen gleicht, innerlich jedoch nicht mehr derselbe ist, da sich neue Möglichkeiten in ihm entwickelt haben.

6. Schlummernde Keime zum Wachsen bringen, in dem man sich der geistigen Sonne aussetzt

Die Samen, die Gott uns in Seele, Geist, Herz, Verstand und in unseren physischen Körper legte, wachsen nur deshalb nicht und bringen keine Früchte, weil wir vergessen haben, uns der Sonne zu nähern. Einzig und allein die Wärme der Sonne und ihr Licht vermögen das zu erwecken, was der Schöpfer in uns legte: Qualitäten, Tugenden und Begabungen, magische Kräfte und alle Pracht. An dem Tage, an dem der Mensch zu dieser Einsicht gelangt, wird er sich der geistigen Sonne zuwenden, sodass alle Samen endlich in ihm sprießen, wachsen und gedeihen und Früchte bringen.

Setzt euch den Sonnenstrahlen aus und lasst sie ihre Arbeit tun! Ihr werdet spüren, wie kleine Sprösslinge in euch keimen, winzige Knospen... Natürlich müsst ihr sie dann auch begießen, sonst können sie austrocknen. Die Sonne sendet ihr Licht und ihre Wärme, aber gießen kann sie die Pflanzen nicht; sie braucht also einen Mitarbeiter, das Wasser, und dieser Mitarbeiter befindet sich in uns. Die Sonne macht den einen Teil der Arbeit, der andere ist unsere Sache. Die von ihr erwärmten Pflanzen müssen wir mit unserer Liebe, unserem Glauben und unserem Vertrauen begießen. Wir müssen die Sonne unterstützen! Wenn ihr euch von der Sonne nur wärmen lasst, ohne an ihrer Arbeit mitzuwirken, wird nicht viel dabei herauskommen; was die Pflanzen zum Wachsen anregte, verdorrt und stirbt ab.

Aber wie beteiligt man sich an der Arbeit der Sonne? Wenn ihr in der Sonne sitzt, müsst ihr so aktiv sein wie sie, d.h. meditieren, kontemplieren, beten, Gott danken oder ein paar gute Worte aussprechen. So begießt ihr diese kleinen Sprösslinge mit eurem Herzen, eurer Liebe und alles findet den richtigen Weg.

7. Die Heilige Dreieinigkeit in der Sonne finden

Die drei Personen der Heiligen Dreieinigkeit, Vater, Sohn und Heiliger Geist, finden sich im Leben, im Licht und in der Wärme der Sonne. Der Vater ist das Leben, der Sohn ist die Liebe (oder das Licht), der Heilige Geist ist das Licht (oder die Liebe).* Nun fragt ihr: »Haben wir denn das Recht, diese erhabenen Wesenheiten im Licht, in der Wärme und im Leben wiederzufinden?« Selbstverständlich, und diese Verbindung ist außerdem von großem praktischen Nutzen, denn dadurch wird es uns möglich, die Heilige Dreieinigkeit jeden Morgen zu schauen, mit ihr zu kommunizieren, sich mit ihr zu verbinden, um reichen Segen zu empfangen. Es ist eine Verheißung der Auferstehung und des Lebens.

Als die höhere Welt die untere Welt erschaffen hat, hat sie überall in der Materie Spuren hinterlassen, damit die Menschen den Weg bis zu ihr zurückfinden können. Auch in der Sonne manifestiert sich diese kosmische Intelligenz, diese Dreieinigkeit, die ja nicht völlig verborgen und unerreichbar bleiben möchte, um den Menschen die Möglichkeit zu lassen, zu ihr zurückzufinden. In Wirklichkeit ist die Heilige Dreieinigkeit weder im Licht noch in der Wärme, noch im Leben der Sonne, sondern sehr weit darüber. Aber durch das Licht, die Wärme und das Leben können wir sie erreichen, mit ihr kommunizieren, sie lieben, sie rufen und sie in uns einlassen. Und da wir nach dem Bilde Gottes geschaffen sind, sollten auch wir eine Dreieinigkeit sein. Mit unserem Verstand, unserem Herzen und unserem Willen sind wir übrigens bereits eine denkende, fühlende und handelnde Dreiheit. Natürlich ist diese kleine Dreiheit

* Ausführliche Informationen dazu im Band 10 der Reihe Gesamtwerke »Sonnen-Yoga, Surya-Yoga« im Kapitel »Wie wir die Heilige Dreifaltigkeit in der Sonne wiederfinden können«.

ein bisschen glanzlos, starr und kalt, aber sie wird sich in der Sonne neu beleben, aufleuchten und erwärmen. Das ist ein weiterer Nutzen, wenn wir dem Sonnenaufgang beiwohnen, dass unsere unscheinbare Dreieinigkeit nach und nach wie die Sonne leuchtet, Wärme verbreitet, Leben spendet und der großen Dreieinigkeit Vater, Sohn und Heiliger Geist ähnlich wird.

Jesus lehrte: »Werdet vollkommen, wie euer Vater im Himmel vollkommen ist.« Wenn wir den Vater aber noch nie gesehen haben, wo finden wir dann ein Abbild Seiner Vollkommenheit? Nun, eben in der Sonne! Denn Gott, der sehr weit weg und sehr hoch oben ist, wollte in Seiner Barmherzigkeit den Menschen die Möglichkeit geben, Ihn wiederzufinden. Er hinterließ Spuren, dem Ariadne-Faden vergleichbar, und gehen sie diesem Faden nach, so gelangen sie durch die Sonne hindurch bis zum Himmlischen Vater. Die Sonne weist den Weg.

Jeden Tag haben wir ein Spiegelbild vor Augen, ein hohes, vollkommenes Ebenbild der Heiligen Dreieinigkeit, und wenn wir mit diesem Vorbild zu arbeiten verstehen, kann auch unsere kleine Dreieinigkeit ebenso heilig werden. Immer wieder werden die Worte Jesu nachgesprochen: »Seid vollkommen wie euer Vater im Himmel vollkommen ist«, aber niemand sah je den Vater, niemand weiß, auf welche Weise Er sich bekundet, wie Seine Schwingungen und Seine Farben sind, wie Seine Macht ist. All dies bleibt reine Theorie, es sind nur Worte. Die Sonne gibt uns eine kleine Vorstellung von der Dreieinigkeit und zeigt uns insbesondere, dass der Vater, der Sohn und der Heilige Geist untrennbar eins sind.

In der Kabbala steht: 1 ist 3 und 3 ist 1. Auch im Menschen sind Verstand, Herz und Wille nie getrennt, sie wirken zusammen. Der Verstand schmiedet Pläne und das Herz unterstützt ihn dabei, macht ihm Mut: »Nur zu, nur zu, ich halte zu dir!« Und der Wille macht sich eilends daran, diese Projekte zu verwirklichen. Man sieht sie alle drei laufen und laufen! Sie stimmen jedoch nicht immer überein, manchmal reißt der Wille die beiden anderen mit sich fort, und der Mensch rennt sich den Kopf ein, weil der Verstand zurückgeblieben ist. Er ruft vergeblich: »Warte auf mich, du machst Fehler!« Der Wille entgegnet ihm: »Halt den Mund, du weißt überhaupt nichts!« Die drei führen hervorragende Gespräche miteinander, bilden aber leider noch keine Heilige Dreieinigkeit. Damit unsere Dreiheit heilig wird, müssen wir uns die Sonne zum Vorbild nehmen, unsere Aufmerksamkeit auf sie richten, damit unser Intellekt von ihrem Licht, unser Herz von ihrer Wärme und unser Wille von ihrem Leben und ihrer Kraft durchtränkt wird.

8. Der Rosenkranz des Schülers

Es geht dabei um einen Rosenkranz, den der Schüler in seiner Vorstellung selbst formt, und in dem die Sonne eine wichtige Stelle einnimmt. Und hier also der gedankliche Rosenkranz des Schülers. Wählt einen Zeitpunkt innerer Ruhe und Sammlung und besinnt euch zunächst auf euch selbst, denn ihr seid die erste Perle, die ihr aufreiht. Ihr werdet vielleicht noch nicht als Perle anerkannt, aber das hat weiter nichts zu sagen. Die Perle ist noch klein, aber sie wird wachsen. Die zweite Perle ist euer Vater. Ihr selbst seid das Zentrum eures kleinen Reiches, er ist das Zentrum der Familie, und selbst wenn er im Augenblick nichts Besonderes ist, als Sinnbild ist er sehr wichtig. Er vertritt den Himmlischen Vater. Als Sinnbild reiht ihr ihn also auf, um ihm Gutes zu tun und ihn mit euch und den anderen Perlen zu verbinden.

Dann sucht ihr nach dem Oberhaupt eurer Stadt, dem Bürgermeister, und fügt ihn hinzu. Selbst wenn er kein besonders tüchtiger Vertreter seines Amtes und seiner Aufgabe nicht gewachsen ist, spielt das auch keine Rolle. Symbolisch gesehen ist er der Kopf, die Leute wenden sich an ihn und brauchen ihn, und wenn Abgeordnete der Landesregierung in die Stadt kommen, ist er es, der sie empfängt... Also hat er symbolisch gesehen einen wichtigen Platz inne.

Dann nehmt ihr den Kopf des Landes, das Staatsoberhaupt und reiht auch diese Perle mit auf euren Silberfaden: Sie ist etwas größer als die anderen. Nach dem Staatsoberhaupt sucht den Regenten unseres Planeten, den Erdengenius. Wenn ihr seinen Namen wisst, umso besser, ihr erreicht ihn schneller und reiht auch ihn mit auf. Er ist eine besonders große Perle, weit mächtiger als die bereits genannten. Dann braucht ihr noch das Oberhaupt des Sonnensystems und fügt also eurer Kette die Sonne selbst hinzu, die so groß, lichtvoll, wärmespendend und vollkommen ist. Ihr geht aber noch weiter bis zum Herrscher des Universums, bis zum Herrn. Er ist die letzte Perle.

Nun habt ihr also 7 Perlen aufgereiht. Ihr selbst seid am einen Ende des Fadens und Gott am anderen. Verbindet nun die beiden Enden, und es entsteht ein Stromkreis, der von Gott ausgehend durch die Sonne, den Erdregenten und so fort bis zu eurem Vater und zu euch fließt und von euch zurück zu Gott.

9. Übung zur Entwicklung der Aura

Der beste Schutz für den geistigen Schüler ist die Aura. Je leuchtender und größer sie ist, desto reiner sind ihre Farben, desto geschützter ist der Schüler, denn die Aura umgibt ihn wie eine Rüstung, die ihn vor schädigenden Einwirkungen und dunklen Geistern schützt. Vergesst also nicht, an eurer Aura zu arbeiten, und wenn ihr jeden Morgen dem Sonnenaufgang beiwohnt und seht wie die Sonne sich selbst mit einer farbenprächtigen Aura umgibt, dann sagt euch: »Ich will mich ebenso mit den allerschönsten Farben umgeben, mit violett, blau, grün, gelb, orange, rot...« Und lange, sehr lange badet ihr in diesem Farbenglanz, stellt euch vor, dass er weit hinausstrahlt und allen Geschöpfen innerhalb dieses Strahlenfeldes zugute kommt und jene, die euch aufsuchen oder euch begegnen, auf die eine oder andere Weise reichen Segen davon haben. Auf diese Weise dient eure Aura euch als Schutz und ist zugleich ein Segen für andere.*

10. Lieben wie die Sonne

Ihr solltet die Sonne zum Vorbild nehmen und euch sagen: »Wie kommt es, dass sie für uns scheint, uns wärmt und allen Geschöpfen unterschiedslos einen »Lebenskredit« gibt? Ist sie denn blind, sieht sie nicht die Verbrechen, ist sie nur ein Mechanismus, der weder Vernunft noch Unterscheidungsvermögen besitzt, dem Güte oder Bosheit, Ehrlichkeit oder Falschheit völlig gleichgültig sind? Nein, die Sonne sieht die Fehler und Verbrechen der Menschen weit besser als irgendwer, nur sind das im Vergleich zu ihrer unermesslichen Leuchtkraft und Wärme recht winzige, unscheinbare Dinge. Was uns grauenvoll und schrecklich erscheint, sind für sie nur geringfügige Irrtümer, kleine Schäden, kleine Flecken... Sie nimmt all das weg, repariert und wäscht und hilft den Menschen weiterhin mit unendlicher Geduld, bis sie die Vollkommenheit erreichen.

Die Sonne hat vom Menschen eine ganz bestimmte Vorstellung, sie sieht die Ewigkeit und Unsterblichkeit der menschlichen Seele. Sie weiß sehr gut, dass die Menschheit eine noch grüne, unreife, bittere, harte und saure Frucht ist. Und sie, die so trefflich die Früchte auf den Bäumen zum Reifen bringt, sie nach und nach mit Süße und feinsten Düften erfüllt, bis sie köstlich schmecken, möchte auch die Menschheit zum Reifen bringen.

* Siehe auch Kapitel 14 über die Aura in diesem Buch.

Aber da sie verstanden hat, dass das bei den Menschen länger dauert als bei den Bäumen und Früchten, hat sie sich entschlossen, geduldig zu bleiben... Die Sonne lässt die Menschen nicht im Stich, weil sie genau weiß, dass dann deren Weiterentwicklung scheitert, es keine reifen Früchte, keine Heiligen und Propheten, keine Gottheiten mehr auf Erden gäbe. Durch ihr unentwegtes Strahlen beweist die Sonne, dass sie das Ziel ihrer Arbeit, Sinn und Ziel der Schöpfung kennt. Darum hilft sie den Menschen weiterhin bis zu ihrer Reife.

Die Sonne gibt als Einzige niemals auf. Alle andern werden müde, schließen ihren Laden und verschwinden von der Bildfläche. Begraben! Die Sonne jedoch ist immer da, siegreich und strahlend. Sie sagt: »Kommt her zu mir, löscht euren Durst, nehmt! Habt ihr Dummheiten gemacht? Ich bin euch nicht böse. Die Menschen sind egoistisch, böse und rachsüchtig, und wenn sie euch erwischen, so ist es aus mit euch. Ich dagegen tue euch nichts zuleide, kommt, öffnet euch meinen Strahlen... ich gebe euch noch dazu!«

Wenn ihr euch die Sonne zum Ideal, zum Vorbild nehmt, bessert ihr euch gezwungenermaßen. Unter ihren Strahlen findet ihr den Mut, alle Schwierigkeiten und Enttäuschungen zu vergessen, die einem die Menschen antun. Denkt ihr wie die Sonne, dann werdet ihr zu einem göttlichen Wesen, denn ihr verliert niemals eure Liebe und Geduld. Alle anderen geben auf und sagen zu euch nach geraumer Zeit: »Geht weg! Ich will euch nicht mehr sehen! Ich tat für euch, was ich konnte, jetzt bin ich es leid.« Die Sonne aber wird niemals müde. Begreift ihr nun, warum ich euch zur Sonne hinführe? Weil sie die Einzige ist, die euch mit edlen und göttlichen Gefühlen inspirieren kann.

11. Über die ganze Menschheit strahlen

Wenn der Schüler zu sehr in persönliche Probleme verstrickt ist, kann er sich nicht so öffnen, seinen Horizont weiten und an etwas anderes denken als an sich selbst. Seine eigenen Probleme halten ihn zu sehr gefangen. Sobald er seine Probleme gelöst hat, klarer sieht und etwas freier wird, beginnt er sich der ganzen Menschheit anzunehmen und wird wie die Sonne. Ja, selbst zwanzig, fünfzig oder hundert Personen sind ihm zu wenig, er ist derart frei, dass er den Wirkungskreis seiner Liebe und seiner Gedanken auf alle Menschen ausweitet. Er sieht die gesamte Menschheit in einem einzigen Wesen zusammengefasst und sendet ihm die überreiche Liebe, die aus seinem Herzen quillt, er sendet ihm alle Farben, alle Strahlen. Solange der Mensch immer nur an sich selbst, seine Frau, seine Kinder, seine Freunde denkt, wird er dieses Glück nicht erfahren. Doch der Schüler, der beginnt, allen Menschen seine Liebe, sein Licht zu geben, so wie er es für eine einzige Person tun würde, ohne sich darum zu kümmern, wie viele es sind oder wo sie sich befinden, wird wie die Sonne.

12. Sich an die Sonne wenden, um Probleme zu lösen

Wenn ihr ein Problem habt oder in Schwierigkeiten seid, wendet euch freundlich an die Sonne als wäre sie ein Mensch und sagt zu ihr: »Liebe Sonne, was würdest du an meiner Stelle tun?« Sie wird lachen (ihr wisst doch, wie sie die Kinder zeichnen!) und sie wird erwidern: »An deiner Stelle hätte ich mich schon umgebracht! Aber wenn du dich an meine Stelle versetzt, wäre das besser... Warum soll ich deine Stelle einnehmen? Das kann ich nicht. Es ist an dir, dich an meine zu versetzen. Wenn du dich also an meine Stelle begeben würdest, würdest du es so und so machen...« und sie wird euch Ratschläge geben, was zu tun ist, lauter solche, wie ich sie euch gerade gebe.

13. Formeln, die man bei aufgehender Sonne spricht

Hier nun ein paar Formeln, die ihr beim Betrachten des Sonnenaufgangs sprechen könnt. Ihr wartet auf den ersten Sonnenstrahl und sprecht innerlich voller Liebe folgende Worte:

So wie die Sonne über der Welt aufgeht, möge die Sonne der Wahrheit, der Freiheit, der Unsterblichkeit und Ewigkeit in meinem Geist aufgehen!

So wie die Sonne über der Welt aufgeht, möge die Sonne der Liebe, der Unermesslichkeit in meiner Seele aufgehen!

So wie die Sonne über der Welt aufgeht, möge die Sonne der Intelligenz, des Lichtes und der Weisheit in meinem Intellekt aufgehen!

So wie die Sonne über der Welt aufgeht, möge die Sonne der Sanftmut, der Güte, der Freude, des Glücks und der Reinheit in meinem Herzen aufgehen!

So wie diese leuchtende und strahlende Sonne aufgeht über der Welt, möge die Sonne der Kraft, der Stärke, der Energie, der Dynamik und Tatkraft in meinem Willen aufgehen!

So wie diese leuchtende, strahlende, lebendige Sonne über der Welt aufgeht, möge die Sonne der Gesundheit, Vitalität und Lebenskraft in meinem ganzen Körper aufgehen!

Amen. So sei es, für das Reich Gottes und seine Gerechtigkeit!

Amen. So sei es, zur Ehre Gottes!

14. Erhebt euch über die Wolken

Wenn ihr fühlt, dass düstere, negative Gedanken auf euren »Himmel« einstürmen, euren Glauben oder eure Liebe vermindern und euch daran hindern, die Herrlichkeit Gottes oder unserer Lehre wahrzunehmen, so sammelt euch, sendet die allerreinsten Strahlen in diese Nebel hinein und ihr werdet feststellen, wie diese sich nach und nach lichten, alles sauber und klar wird. Mit Hilfe des Denkens erhebt man sich über die Wolken. Das Denken ist wie eine Rakete – oder ein Lichtstrahl. Richtet euer Denken auf einen Punkt: die Quelle des Lebens, die ewige Sonne, schaut auf eure Wesensmitte und konzentriert euch auf den Herrn... Nach wenigen Minuten durchdringt es die Wolken, wie dicht sie auch sein mögen, und ihr langt ganz oben an und badet in Klarheit.

15. Die Farben des Prismas

Schaut man durch ein Prisma ins Licht der Sonne, entdeckt man eine unendliche Pracht und einen Farbenreichtum ohnegleichen.

Im Sohar* steht geschrieben: »Sieben Lichter weilen im Höchsten, dort wohnt der Älteste der Alten, der Geheimnisvollste der Geheimnisvollen, der Verborgenste der Verborgenen: AIN SOPH.«

Es gibt sieben Lichtstrahlen: Rot, Orange, Gelb, Grün, Blau, Indigo, Violett. Diese sieben Lichtstrahlen sind die – auch in der Apokalypse genannten – sieben Geister, die vor dem Throne Gottes stehen.

* Das Sohar ist das Hauptwerk der jüdischen Kabbala.

- Der Geist der Farbe rot wird Geist des Lebens genannt. Rot ist mit dem Leben verbunden, aber auch mit der Liebe zu allen Geschöpfen.
- Die Farbe orange ist der Geist der Heiligkeit. Orange fördert die Gesundheit und weckt das Verlangen nach Vervollkommnung.
- Die Farbe goldgelb ist der Geist der Weisheit. Sie treibt die Menschen zum Lesen, Meditieren, Nachdenken und Forschen und zugleich zu Vernunft und Einsicht.
- Die Farbe grün ist der Geist der Ewigkeit und der Evolution. Sie ist deshalb verbunden mit Wachstum, Entwicklung und Reichtum. Es heißt von ihr, sie sei die Farbe der Hoffnung, weil sie dem Menschen die Möglichkeit gibt, sich höher zu entwickeln.
- Die Farbe blau ist der Geist der Wahrheit. Sie steht außerdem auch zur Religion, zum Frieden und zur Musik in Beziehung. Blau fördert die Musikalität. Es beruhigt das Nervensystem, heilt die Lungen und wirkt günstig auf die Augen, die mit der Wahrheit verbunden sind.
- Die Farbe indigo ist der Geist der Kraft, der Geist der Königswürde. Sie hat fast dieselben Eigenschaften wie das Blau.
- Die Farbe violett ist eine sehr mystische Farbe, mit einer sehr feinen Schwingung, welche die Wesen in die jenseitige Welt leitet. Violett ist der Geist der Allmacht Gottes und der geistigen Liebe, der Geist der Aufopferung. Es ist eine sehr kraftvolle Farbe, die den Menschen schützt, ihm hilft, aus seinem Körper herauszutreten und ihm ermöglicht, die Liebe Gottes und die anderen Welten zu erfassen.

Wollt ihr wirkungsvoll an eurer Weiterentwicklung arbeiten, so könnt ihr morgens über die Farben meditieren, über deren Qualitäten und Tugenden. Wählt für eure Arbeit jeden Tag eine andere Farbe aus. Ihr könnt mit Rot beginnen, das der Erde am nächsten ist, und weitermachen mit Orange, Gelb usw. Oder beginnt umgekehrt mit Violett. Auf diese Weise steigt ihr hinunter oder hinauf, wie ihr wollt.

16. Die geistige Veredelung

Es gibt eine Wissenschaft, die jeder kennen sollte, um seine Fehler, Begierden und niederen Triebe nicht nur zu heilen, sondern außerdem noch Nutzen aus ihnen zu ziehen. Diese Wissenschaft ist die Veredelung.* Die Menschen haben diese Technik herausgefunden, um die Qualität der Früchte eines Baumes zu verbessern, aber auf psychischem oder spirituellem Gebiet sind sie bei weitem nicht so geschickt und gewandt. Ihr fragt: »Wie sollen wir denn diese Veredelungsreiser finden?« Nun, es gibt ein riesiges Versandhaus für Veredlungsreiser, ein einziges Wesen, das alles nur Vorstellbare an Vernunft, Liebe, Kraft, Großzügigkeit, Unsterblichkeit übertrifft, und das ist die Sonne.

Wendet euch also an die Sonne, damit sie euch Veredlungsreiser gibt. Sagt zu ihr: »Meine liebe Sonne, ich bin wirklich zu dumm, ich verstehe rein gar nichts. Wenn ich etwas sagen soll, sind meine Gedanken so durcheinander, dass ich nur herumstottere und mir nur Ärger einhandle. Du aber, die du so lichtvoll bist, die ganze Erde erhellst, gib mir ein paar Reiser deiner Intelligenz.« Sie wird sie euch gratis geben, das versichere ich euch, und ihr pfropft sie dann in euer Gehirn. Sie kann euch sogar einen Experten senden, falls ihr nicht wisst, wie ihr dabei vorgehen sollt. Danach könnt ihr um ein Edelreis der Liebe oder

* Siehe auch Kapitel 5 in diesem Buch

der Gesundheit oder irgend einer anderen Eigenschaft bitten... In der Sonne ist alles enthalten. Ihr könnt um jedes Reis bitten, aber nicht um alle auf einmal, sondern um eines nach dem andern, sonst vertrocknen die einen und sterben ab, während ihr euch mit einem anderen befasst.

17. Übungen bei bewölktem Himmel

An manchen Morgen ist die Sonne hinter Wolken versteckt, und auch dann müsst ihr wissen, was ihr tun sollt. Da die äußeren Bedingungen ungünstig sind, müsst ihr eure geistige Tätigkeit verlegen. Anstatt sie im Gehirn, im Bewusstsein aufrechtzuerhalten, verlegt ihr sie in das Unterbewusstsein, in den Solarplexus.* Taucht ein in den kosmischen Ozean der Liebe und Glückseligkeit, überlasst euch ihm voller Vertrauen und sprecht: »Allmächtiger Gott, ich lasse mich von diesem Lichtmeer tragen, ich vertraue auf Dich.« Und indem ihr in eurem Verstand nur ein kleines Flämmchen aufrechterhaltet, damit nichts Ungutes eindringt, gebt ihr euch hin, überlasst euch einem Ozean der Freude, schwebt in Glückseligkeit. Das also kann man an solchen Tagen tun. Natürlich nicht dabei einschlafen, sondern sich nur wiegen lassen und dabei ab und zu darauf achten, was im Innern vorgeht.

18. Betrachtet die Sonne jeden Tag auf neue Weise

Ich sage mir jeden Tag: »Gestern war ich überzeugt, alles von der Sonne zu wissen, und heute stelle ich fest, dass ich nichts von ihr weiß. Erst jetzt kenne ich sie wirklich.« Und am nächsten Morgen sage ich mir dasselbe. Ihr hingegen sagt immer: »Oh, das kennen wir zur Genüge, das ist uns nicht neu!«

* Siehe auch Kapitel 12 über den Solarplexus in diesem Buch

Beginnt man zu denken, es gäbe nichts mehr kennen zu lernen, nichts mehr zu entdecken, so stagniert man, schläft ein – und dann ist es aus. So darf man nie handeln, sondern sich immer sagen: »Heute erst sehe ich die Sonne wirklich, heute fange ich an zu verstehen.« Auf diese Weise kommt ihr immer weiter voran... Wie ihr seht, ist das wieder eine neue, wunderbare Methode!

19. Das Elixier des unsterblichen Lebens

Das Elixier des unsterblichen Lebens ist nichts anderes als eine außergewöhnlich reine Flüssigkeit, die sämtliche Kanäle des physischen Körpers entschlackt. Tatsächlich ist dieses Elixier überall in der Natur vorhanden, und diejenigen, die es besitzen, tun nichts anderes, als es zu verdichten. Man findet es in der Erde, den Pflanzen, den Ozeanen, den Flüssen, den Bergen, in der Luft, die wir atmen und vor allem in den Sonnenstrahlen, jedoch in so kleinen homöopathischen Mengen, dass man alle möglichen Geräte braucht, um es aufzufangen, zu verdichten und aufzubewahren. Wenn wir am Morgen den Sonnenaufgang miterleben, versuchen wir, dieses Lebenselixier aufzunehmen, das wie lebendiges Wasser die ganze Natur durchfließt. Jedes Prana-Atom, jedes dieser winzig kleinen Kügelchen, die in der Luft schweben, ist mit einer geistigen Essenz erfüllt. Während wir uns auf die Sonne konzentrieren, nimmt unser Körper diese Lichtteilchen auf, die uns reinigen, stärken und beleben.

20. Das himmlische Feuer anziehen

So wie das irdische Feuer das Eisen ausreichend geschmeidig und für neue Formen schmiedbar macht, versetzt das himmlische Feuer, d.h. die göttliche Liebe, den Menschen in eine spirituelle Verfassung, in der er sich von seiner alten Gestalt befreit, die asymmetrisch und krumm war, um eine neue harmonische und strahlende zu bekommen.

Es gilt also als Erstes zu verstehen, dass ihr, um euren Charakter, eure Gesinnung, eure Gewohnheiten, alles Ererbte umzuwandeln, das himmlische Feuer anrufen, anziehen, anflehen sollt, es möge herabkommen, um euer Herz, euer ganzes Wesen aufzurütteln und zu neuer Glut zu entfachen. Verlasst euch nicht auf Erklärungen oder Bücherwissen, sie nützen nichts, solange das Feuer nicht in euch entzündet ist, um aus euch ein lebendiges Wesen wie die Sonne zu machen. Die Sonne ist ein lebendiges Feuer, und sie sollt ihr jeden Morgen ansehen, um den Kontakt mit dem himmlischen Feuer wiederherzustellen. Wenn ihr euch mit der Sonne verbindet, wenn ihr euch von der Sonne entfachen lasst, mit eurer Liebe und all eurem Verstand, so fühlt ihr, wie Flammen aus euch herausschießen und euch mit ihrer Glut umlodern. Der Heilige Geist ist nichts anderes als das heilige Feuer der Sonne.

21. Die Sonne trinken

Ihr seid beim Sonnenaufgang und wartet auf den ersten Sonnenstrahl, hellwach und aufmerksam – und sobald der erste Lichtstrahl hervorbricht, saugt ihr ihn tief in euch ein. So beginnt ihr die Sonne zu trinken. Anstatt sie nur anzusehen und normal einzuatmen, trinkt und esst ihr sie. Stellt euch dabei vor, dass dieses lebendige Licht sich in alle Zellen eurer Organe verteilt, sie kräftigt, belebt und reinigt.

Diese Übung hilft euch bei der Konzentration und bringt hervorragende Ergebnisse. Euer ganzes Wesen erschauert, und ihr fühlt bald, dass ihr wirklich Licht trinkt. Also, trinkt die Sonne! Das wird euch helfen, wachsam zu bleiben, ein waches Bewusstsein zu haben und das Bedürfnis, weiter zu trinken wird euch wach halten.

22. Die Philosophie der Einheit

Ihr müsst daran arbeiten, alles auf ein einziges Ziel auszurichten und alle abweichenden und widersprüchlichen Neigungen in euch zu zähmen, sie überzeugen, beherrschen und ihnen gebieten. Habt ihr all diese Kräfte vereint und gelernt, sie in eine einzige, glorreiche, lichtvolle, segenbringende Richtung zu lenken und zu projizieren, dann werdet ihr zu einem brennenden, so warmen und machtvollen Zentrum, dass ihr es euch leisten könnt, wie die Sonne in alle Richtungen zu strahlen.

Nehmt diesen Gedanken auf und meditiert beim Sonnenaufgang darüber, wie sich die Einheit in euch herstellen lässt, merzt alles aus, was eurem Ideal widerspricht, seine Verwirklichung hemmt, es untergräbt und verstärkt alles, was euch einen wunderbaren, unwiderstehlichen Schwung gibt. So fließen Tag und Nacht immer neue Energien in dieselbe Richtung zusammen für eine göttliche Arbeit.

Die Sterne

Die Nacht lehrt uns die Relativität aller Dinge

Der Tag zeigt uns die Bedeutung der irdischen Dinge, die Nacht hingegen deren Relativität, sogar ihre Nichtigkeit. Habt ihr Kummer und Sorgen oder Probleme, hat euch jemand bekümmert, verletzt, so schaut nachts zu den Sternen empor, und ihr werdet fühlen, wie alles verblasst, dass ihr über diesen unbedeutenden Dingen steht, edelmütig und großzügig werdet, ja, sogar über Beleidigungen und Kränkungen lachen könnt. Wozu sollte man angesichts dieser Unermesslichkeit, in der alles feierlich und majestätisch ist, sich mit solchen Nichtigkeiten aufhalten und die ganze Welt alarmieren? Einige Astronomen bekannten, dass sich durch ihre Tätigkeit ihr Standpunkt grundlegend gewandelt habe. Unannehmlichkeiten, Hindernisse, Lebenskämpfe verloren an Bedeutung, und sie wunderten sich, dass die Menschen so viel Aufhebens wegen solcher Nichtigkeiten machen können.

Die Sprache der Sterne

Man sollte aber auch wissen, wie man mit der Nacht und den Sternen arbeitet. Welch ideale Voraussetzung sind dieser Friede, die Stille und die Ruhe, um im Unendlichen aufzugehen! In einer warmen Sommernacht, wenn alles schläft, geht hinaus und legt euch ins Gras. In dieser Stille, kaum gestört vom Lied der Grillen und Quaken der Frösche, betrachtet ihr den weiten funkelnden Sternenhimmel dort oben. Versucht, ihn zu erfassen und herauszufinden, was das für Welten sind, mit ihren Wesenheiten und Intelligenzen, die dort oben wohnen. Im Grase liegend wählt euch einen Stern aus, der euch am besten gefällt, mit dem ihr euch am meisten verwandt fühlt, sendet ihm eure Liebe, verbindet euch mit ihm, stellt euch vor, dass ihr zu ihm hinaufgeht oder dass er zu euch herabspricht...

Als ich noch sehr jung war, habe ich einige Male auf dem Gipfel des Mussala* die Nacht verbracht. Ich verstand zwar nicht alles, was die Sterne mir sagten, aber meine ganze Liebe galt ihnen, meine Seele war entzückt. Die Sterne blinzelten, zwinkerten mir zu, bis auch ich, vom fortwährenden, liebevollen Schauen müde geworden, anfing zu blinzeln und einschlief... Am nächsten Morgen stieg ich hinab zum Lager, wusch mich und ging zum Sonnenaufgang. Nacht und Tag... ich verband sie beide zu ein- und derselben Arbeit. Heute beginne ich zu begreifen, dass die Sterne mir damals Dinge zuflüsterten, die ich vielleicht noch nicht völlig entziffert habe, die jedoch von meiner Seele aufgenommen und aufgezeichnet wurden. Erst sehr viel später versteht man nach und nach die Offenbarungen der Sterne. Was erzählen die Sterne? Sie erzählen die erhabene Geschichte vom Ruhm des Ewigen.

* Der Mussala ist mit ca. 3000 m Höhe der höchste Gipfel des Rhodope-Gebirges und Bulgariens.

Kapitel 10

Die Arbeit mit dem Denken

Das Denken ermöglicht es, die Quintessenz herauszuziehen

Man hat die Menschen so daran gewöhnt, an der Oberfläche der Dinge zu arbeiten, dass es heutzutage schwierig ist, sie an eine andere Auffassung heranzuführen. Sie ahnen nicht, welche unglaublichen Möglichkeiten in der Arbeit mit der Gedankenkraft liegen, die keine andere Tätigkeit ihnen jemals bringen kann.

Nehmen wir ein paar Beispiele zu Hilfe. Will man Eisen, Kupfer usw. aus Erz gewinnen, benötigt man viele Tonnen Erz, um eine bestimmte Menge Metall zu gewinnen. Alles Übrige ist Gestein und Erde, was man zurücklässt...

Um einige Liter Essenz der bulgarischen Rose zu erhalten, braucht man auch viele Waggons voller Rosenblätter. Deswegen ist ein Liter dieser Rosenessenz ein Vermögen wert, so kostbar ist sie.

Alle Arbeiten der Menschen bestehen im Allgemeinen irgendwie darin, tonnenweise taubes Gestein zu bewegen, gröbste Materie, während die Arbeit mit dem Denken es ermöglicht, die darin enthaltene Quintessenz zu entziehen. Wenn ihr nicht mit dem Denken arbeiten könnt, um euch zu konzentrieren, euch zu kontrollieren und zu beherrschen, eure Kräfte auszurichten und in höhere Bereiche zu lenken, gleicht all das, was ihr zuwege bringt, Waggons voller Erz, mit dem ihr überhäuft werdet und nichts damit anfangen könnt, solange ihr nicht gelernt habt, die Quintessenz daraus zu entnehmen.

Die Eingeweihten nehmen deshalb so viel Mühe auf sich, um die Quintessenz zu erhalten. Diese Quintessenz ist etwas Unwägbares, was den Dingen einen Geschmack und einen Sinn verleiht. Ihr könnt alle Reichtümer dieser Erde besitzen, wenn euch aber diese Quintessenz fehlt, die man auf der Mentalebene findet, werdet ihr euch armselig, leer, ruhelos und unbefriedigt fühlen. Denn es ist nicht die Menge an Materie, die dem Leben einen Sinn gibt, sondern ihre Qualität, ihre Quintessenz.

Das Denken nur für gute Zwecke verwenden

Im Allgemeinen wissen die Spiritualisten, dass der Gedanke eine Kraft ist, die Form annehmen und sichtbare Wirklichkeit werden kann. Sie wissen aber nicht, welche Störungen ein Gedanke im großen kosmischen Organismus, dem wir alle angehören, verursachen kann. Sie fragen sich nie, ob die Projekte, auf die sie sich unablässig konzentrieren, auch mit den Plänen Gottes übereinstimmen und sind mit unglaublicher Gewalt hartnäckig hinter dem her, was sie wollen. Nein, es muss ihnen klar werden, dass die Denkkraft nicht dazu verwendet werden darf, Geld zu fordern, Frauen oder Männer zu verführen und Güter zu erwerben, die das Leben anscheinend verweigert. Das Denken soll stets zum Wohle aller eingesetzt werden, es soll ein unpersönliches, uneigennütziges Ziel verfolgen: das Glück aller Menschen, die Verwirklichung des Reiches Gottes auf Erden.

Die Rolle der Musik für das Denken

Die Musik stellt einen machtvollen Strom dar. Sie stimuliert uns und spornt uns an, und deshalb sollen wir sie dazu verwenden, uns mit unserem Ideal zu verbinden, um kostbare, spirituelle Augenblicke, die wir gelebt haben, aufs Neue zu erleben.

Beim Anhören von Musik sollten wir das Beste in uns wachrufen. Sie soll wie der Wind sein, der die Segel unseres Schiffes bläht, um es seiner himmlischen Bestimmung zuzuführen.

Die Konzentration

Seid ihr aufgeregt und versucht, euch um jeden Preis zu konzentrieren, so versetzt ihr euren Zellen einen gewaltigen Schock. Ihr müsst mit euren Zellen sehr diplomatisch umgehen. Sie dürfen nicht ahnen, was ihr von ihnen verlangen werdet. Beginnt also damit, sie zu beruhigen und versucht dann, sie sachte, langsam und geschickt in eine Richtung zu lenken. Auf diese Weise kommt ihr zu einem Ergebnis und könnt euch auf das Thema konzentrieren, das euch beschäftigt. Geht etappenweise vor, so lange bis in euch ein so großes und unerschütterliches Gleichgewicht entstanden ist, dass all eure Zellen mit euch zusammenarbeiten. Dann habt ihr euer Denken so gut ausgerichtet, dass es immerzu diese Richtung einschlagen wird.

Meditation, Kontemplation, Identifikation

Die Meditation ist eine Tätigkeit des Verstandes, bei der man sich bemüht, geistige Wahrheiten zu durchdringen.

Die Kontemplation ist eine Tätigkeit des Herzens oder der Seele, die bei einem Bild, einer Eigenschaft oder Tugend verweilt, um sich an deren Licht und Schönheit zu erfreuen und mit ihr zu kommunizieren.

Und schließlich steht über der Meditation und der Kontemplation noch die magische Tätigkeit des Willens, des Geistes, der sich mit dem Schöpfer identifiziert, um schöpferisch zu werden.

Die Meditation

Meditieren ist wie das Kauen von Speisen. Wenn ihr Nahrung in den Mund nehmt und sie kaut, beginnen die Speicheldrüsen ihre Tätigkeit, und ihr nehmt über die Zunge die feinstofflichsten und spirituellsten Energien auf. Meditieren ist das Kauen von Gedanken. Wenn man von Meditation spricht, ist damit natürlich gemeint, dass die Gedanken an philosophische, spirituelle und mystische Fragen anknüpfen. Die Meditation soll euch in eine höhere Welt führen und euch Licht und Frieden bringen.

1. Meditation als Mittel, etwas zu erschaffen

Man sollte anfangs über Themen meditieren, die einem zugänglich sind. Der Mensch ist so geschaffen, dass er nicht von Natur aus in einer abstrakten Welt leben kann. Er muss sich also zunächst an dem festhalten, was für ihn sichtbar, greifbar, ihm nahe und lieb ist. Angenommen, ihr liebt die Schönheit oder auch die Intelligenz und sehnt euch danach, sie zu erlangen. Konzentriert also eure Vorstellungskraft darauf, wie ihr gerne sein möchtet. Versenkt euch in den Anblick dieses Wesens, das ihr werden möchtet. Ihr empfindet dann eine Steigerung eurer Freude, eures Selbstvertrauens und eurer Vitalität, als würdet ihr schon im Voraus kosten, was eines Tages eintritt. Macht folgende Übung: Stellt euch zehn, zwanzig Minuten lang vor, dass sich bereits erfüllt hat, was ihr wünscht. Seht euch im Licht, bei Gott weilend, wo ihr Herrliches vollbringt. Euer Denken wird auf diese Weise den Weg bereiten und euch der Verwirklichung des Ersehnten immer näher bringen.

Aber noch einmal: Prüft aufmerksam eure Wünsche und Pläne, denn sind sie zu eigennützig und schwingen nicht im Einklang mit der in der ganzen Schöpfung waltenden göttlichen

Ordnung, so geraten sie in Widerspruch zu den göttlichen Gesetzen, zu Existenzen und Wesenheiten, einem ganzen System von Schwingungen, und bleiben erfolglos! Oder aber es wäre noch schlimmer, wenn ihr Erfolg hättet. Unter solchen Umständen ist es vorzuziehen, keinen Erfolg zu haben. Denn zumindest bleibt euch durch den Misserfolg allerlei Enttäuschung und Unglück erspart. Ihr bleibt davon verschont, weil ihr keinen Erfolg hattet.

2. Die beiden idealen Meditationsthemen

a) Ein Werkzeug in Gottes Händen sein

Alle Meditationsthemen sind gut. Gesundheit, Schönheit, Reichtum, Intelligenz, Kraft oder Ruhm, aber das Allerbeste ist, über Gott zu meditieren, Seine Liebe, Sein Licht, Seine Kraft in sich aufzunehmen, um einen Augenblick in Seiner Ewigkeit zu leben... und auf das Ziel hin zu meditieren, Ihm zu dienen, sich Ihm hinzugeben, sich mit Ihm zu vereinen. Ihr fühlt euch wie ein Werkzeug, vollkommen in Gottes Hände gegeben, damit Er durch euch hindurch denkt, Er durch euch hindurch fühlt und durch euch hindurch handelt. Ihr überlasst euch dem Willen der Weisheit, des Lichts, ihr steht im Dienste des Lichts, und das Licht, das alles weiß, wird euch führen und leiten.

b) Den Himmel auf Erden verwirklichen

Da der Mensch auf die Erde geschickt wurde, muss er wissen, welche Arbeit er dort machen soll. Jesus sagte: »Möge es auf Erden wie im Himmel sein!« Das bedeutet, dass der Himmel auf die Erde herabkommen soll. Doch welche Erde ist gemeint? Unsere Erde, unser physischer Körper! Also muss man, nachdem man die erforderliche geistige Arbeit gemacht hat, um den Gipfel, den Himmel zu erreichen, hinabsteigen, um unten alles zu ordnen. Oben ist Unsterblichkeit, oben ist Licht, oben herrscht Harmonie. Warum sollte all das, was oben ist, nicht auch unten in der physischen Welt Gestalt annehmen?

Der Lehre Christi zufolge soll der Himmel auf die Erde herabsteigen, das heißt, das Reich Gottes und seine Gerechtigkeit verwirklicht werden. Jesus arbeitete für dieses Reich und er forderte seine Jünger auf, ebenfalls für dieses Reich zu arbeiten. Hier unten sollen wir also arbeiten – und bei unserem eigenen Körper beginnen.

Die beiden folgenden Meditationsthemen sind daher die besten: »Wie stellt man sich völlig in den Dienst der Gottheit?« und »Wie verwirklicht, konkretisiert und materialisiert man auf Erden alles Himmlische von oben?« Der Sinn des Lebens ist in diesen beiden Aktivitäten enthalten. Was sich außerhalb davon befindet, hat sicher auch eine Bedeutung, aber keine göttliche.

Die Kontemplation

Die Kontemplation ist eine Tätigkeit der Seele. An der Kontemplation ist der ganze Mensch beteiligt. Seine Seele gibt sich hin, bringt sich dar und verschmilzt mit dem Objekt, das sie kontempliert.

Die Kontemplation ist die höchste Form des Gebetes. Im Gebet erhebt ihr euch bis zur Kontemplation der Herrlichkeit Gottes und angesichts dieser Herrlichkeit empfindet ihr eine außergewöhnliche Erweiterung, ihr kostet die Ekstase. In dieser Ekstase weitet sich euer Bewusstsein, ihr umschließt das Universum, ihr erweitert euch bis in die Dimensionen des Göttlichen hinein. Alle, die das Entzücken der Kontemplation kennen gelernt haben, hatten das Gefühl, nicht mehr auf der Erde, nicht mehr in ihrem begrenzten physischen Körper zu sein. Sie fühlten sich eingetaucht in die Universalseele, eins mit ihr... Danach

PRINZIP	*IDEAL*	*SPEISE*	*BEZAHLUNG*	*TÄTIGKEIT*
GEIST (GÖTTLICHES BEWUSSTSEIN)	ZEIT EWIGKEIT UNSTERBLICHKEIT	FREIHEIT	WAHRHEIT	**IDENTIFIKATION** **VEREINIGUNG** **SCHÖPFUNG**
SEELE (ÜBER-BEWUSSTSEIN)	RAUM UNENDLICHKEIT UNERMESSLICHKEIT	SELBSTLOSIGKEIT NÄCHSTENLIEBE	VERSCHMELZUNG ERWEITERUNG EKSTASE	**KONTEMPLATION** **ANBETUNG** **GEBET**
VERSTAND (ICH-BEWUSSTSEIN)	KENNTNISS WISSEN LICHT	GEDANKE	WEISHEIT	**MEDITATION** STUDIUM VERTIEFUNG
HERZ (BEWUSSTSEIN)	FREUDE BEGLÜCKUNG WÄRME	GEFÜHL	LIEBE	MUSIK SINGEN/POESIE HARMONIE
WILLE (UNTER-BEWUSSTSEIN)	HERRSCHAFT MACHT BEWEGUNG	KRAFT	ATEM GESTIK	ATMUNG GYMNASTIK/TANZ PANEURYTHMIE
KÖRPER (NICHT-BEWUSSTSEIN)	KRAFT GESUNDHEIT LEBEN	NAHRUNG	GELD	BEWEGUNG DYNAMIK ARBEIT/AKTIVITÄT

Auszug aus der von Omraam Mikhaël Aïvanhov erstellten Übersicht (synoptische Tafel), die aufzeigt, wie das spirituelle Leben auf der feinstofflichen Ebene und auf der physischen Ebene genährt, gepflegt und aufrechterhalten wird. Die Meditation, Kontemplation und Identifikation sind Bestandteile dieser Übungen.

stiegen sie natürlich wieder herab und nahmen aufs Neue ihre tägliche Arbeit auf. Einige Minuten, einige Stunden jedoch, hatten sie im Unendlichen, in der Vereinigung, in der Ekstase verbracht.

Die Identifikation

Das Ziel der spirituellen Arbeit ist die Identifikation mit dem Göttlichen. Die indischen Eingeweihten fassen die Indentifikation mit dem Höchsten in der Formel »Ich bin Er« zusammen. Anders gesagt, Er allein existiert, ich selbst existiere nicht, ich bin nur ein Abbild, ein Widerschein, ein Schatten. Tatsächlich existieren wir nicht als getrennte Einzelwesen, sondern sind Teil des Herrn. Er allein existiert, und wir sind eine Projektion von Ihm. Wenn der Schüler sagt: »Ich bin Er« versteht er darunter, dass er nicht außerhalb des Herrn existiert und indem er sich bewusst mit Ihm verbindet, nähert er sich Ihm, bis er eines Tages zum Schöpfer wird, wie Er.

Das Gebet

1. Das beste Gebet ist, den Herrn zu bitten, Er möge von uns Besitz ergreifen.

Da wir nicht wissen, welches Gottes Pläne für uns sind, müssen wir Ihn darum bitten, uns aufzuklären, und wenn noch Unklarheiten bestehen, Ihn mit den Worten anzuflehen: »Herr, ich kann noch nicht wirklich alles begreifen, doch tue wenigstens alles, was nötig ist. Dränge mich dazu, selbst ohne mein Wissen, Deinen Willen zu tun, bediene Dich meiner, ergreife Besitz von mir, bemächtige Dich meiner, nimm Wohnung in mir!«

Es gibt Augenblicke, in denen man den Willen Gottes nicht erkennt. Die allgemeine Richtung weiß man zwar. Es ist immer das Gute, die Uneigennützigkeit, die Aufopferung, die Liebe, der Verzicht, die Güte, die Großzügigkeit usw. Es gibt jedoch Fälle, wo man nicht genau weiß, was Er von uns erwartet. Da es einem an Hellsicht und Klarheit mangelt, muss man sagen: »Mein Gott, lass Deinen Willen geschehen, sollte er auch dem meinigen widersprechen.« Nicht jedem Menschen ist es gegeben, eine klare Vorstellung vom Nutzen oder dem Wert seines Tun und Handelns zu haben. Manchmal erfüllt man Gottes Pläne blind und unbewusst.

Man muss darum den Himmel anflehen und von ihm fordern, sogar mit Drohen, er möge euch eines Tages in seinen Dienst nehmen. Sagt etwa: »Nun habe ich es endlich eingesehen, mit meiner niederen Natur ist nichts anzufangen, sie ist dickköpfig, starrsinnig, bestechlich, es gelingt mir nicht, sie zu ändern. Oh ihr himmlischen Wesen, ersetzt sie, sendet mir die vollkommensten, herrlichsten Geschöpfe, damit sie sich in mir niederlassen, mich leiten und lehren und die Führung in meinem Leben übernehmen! Da Jahrhunderte und Jahrtausende nicht ausreichen, meine niedere Natur umzuwandeln, bändigt und fesselt sie, ersetzt sie durch lichtvolle Geister, die fähig sind, sie zu unterwerfen. Sorgt dafür, dass ich selbst gegen meinen Willen eure Pläne verwirkliche!«

Mit dem Gebet »Herr, ersetze meine Personalität und leite Du fortan mein Leben!« wirkt ihr nicht nur auf der physischen Ebene, auf die grobstofflichen Teilchen eures Körpers, sondern vielmehr auf das Zellgedächtnis, die eingeprägten Klischees. Alte Gewohnheiten werden durch neue Fähigkeiten, durch andere Qualitäten und Tugenden ersetzt. Dies ist eines der besten Gebete der Welt. Alle anderen enthalten irgendein persönliches Element, Eigennutz, Berechnung, man will dem Herrn schmeicheln. Mit diesem Gebet hingegen übergebt ihr Ihm rückhaltlos euer ganzes Leben, ihr sagt: »Herr, ich bin bereit zu sterben. Du kannst mir das Leben nehmen, mich auslöschen, nur sende mir himmlische Wesen, die meine niedere Natur ersetzen, damit ich Dir dienen kann.«

2. Eine Anleitung zum Beten

Ihr sagt, dass ihr betet und dennoch zu keinem Ergebnis kommt. Hier eine sehr einfache aber wirksame Methode, um sich mit dem Herrn zu verbinden: Wenn ihr beten wollt, erschafft euch ein Bild. Stellt euch unzählige Wesen vor, in der ganzen Welt verstreut, die sich dort, wo sie gerade sind, auf den Schöpfer konzentrieren. Schließt euch ihnen in Gedanken an, um gemeinsam mit ihnen zu beten. So ertönt eure Stimme nicht mehr vereinzelt in der Wüste des Lebens, sondern ihr ruft den Himmel mit Millionen anderer lichtvoller Wesen an. Ein solches Gebet wird immer erhört, weil es von vielen zugleich gesprochen wird, und ihr habt ebenfalls einen Nutzen davon.

Nur deshalb, weil ihr allein vorgeht, erreicht euer Gebet nicht sein Ziel. Das Geheimnis liegt darin, sich mit allen Betenden zu verbinden, denn jeden Augenblick sind irgendwo in der Welt Menschen im Gebet.

Alle Macht liegt im Denken

Ein wahrer Schüler ist davon überzeugt, dass Denken eine Realität ist und alle Macht im Denken liegt. Wenn er dies weiß, kann er selbst in den ungünstigsten Lebenslagen, in denen andere unglücklich und zerbrochen sind, durch seine Gedanken handeln. Er lässt keinen einzigen Augenblick ungenutzt vorübergehen und niemand kann ihn einschränken. Er ist frei, steht über allem, er ist schöpferisch.

Diejenigen, die nicht gewohnt sind, ihr Denken einzusetzen, beklagen sich dauernd, dass ihnen etwas fehle, sie unterdrückt und gebunden seien. Sie finden stets einen Grund, unglücklich zu sein, weil ihnen die Tatsache nicht bewusst ist, dass Gott den Menschen alle Möglichkeiten gegeben hat, aber nur im Bereich des Denkens. Von dem Tage an, da sie alle Lebensumstände dazu verwenden können, sich kraft der Gedanken in der Höhe zu halten, stehen sie über allem.

Kapitel 11

Die geistige Galvanoplastik

Beschreibung eines galvanischen Experiments

Man taucht zwei Elektroden in ein Gefäß, das mit der Lösung eines Metallsalzes wie Gold, Silber oder Kupfer gefüllt ist. Die Anode ist eine Platte aus demselben Metall wie das in der Salzlösung enthaltene. Die Kathode ist eine Gussform aus Guttapercha, die mit Graphit überzogen ist und eine Figur darstellt, eine Münze oder eine Medaille.

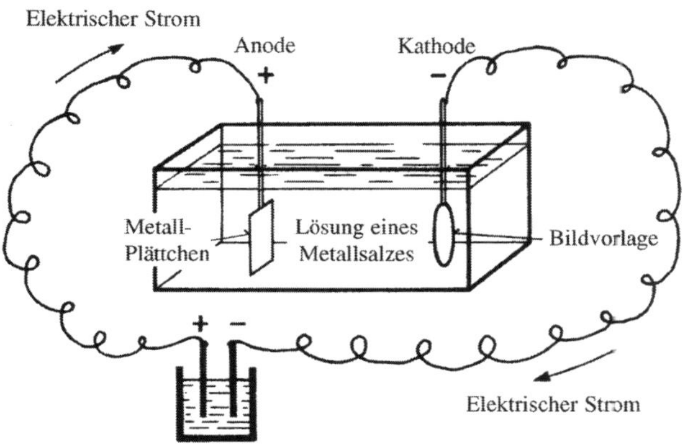

Mittels eines Metalldrahtes werden die Elektroden an die beiden Pole einer Batterie angeschlossen. Das Metall setzt sich an der Kathode an und die sich auflösende Anode regeneriert die Flüssigkeit. Die Gussform bedeckt sich allmählich mit dem in der Lösung enthaltenen Metall, und so erhält man eine Medaille mit der gewünschten Prägung. Den Vorgang der Galvanoplastik findet man in verschiedenen Bereichen des Daseins, besonders in der geistigen Arbeit der Mutter während der Schwangerschaft und im geistigen Leben überhaupt.

Die Arbeit der Mutter während der Schwangerschaft

Die schwangere Frau besitzt auch Elektroden, die Form und die Lösung. Die Form, das ist der lebendige Same, den der Vater in ihren Schoß, die Kathode, gelegt hat. Dieser Same ist ein Abbild, manchmal das eines Trinkers, eines Verbrechers oder eines ganz gewöhnlichen Menschen, manchmal das eines Genies oder eines Heiligen. Sobald eine Frau schwanger ist, kreist ein Energiestrom zwischen ihrem Gehirn, der Anode, und dem Samen. Denn das Gehirn ist an eine Batterie – die Gestirne, Gott – angeschlossen und empfängt von dort den Energiestrom, der sich dann vom Gehirn auf den Embryo überträgt. Die Lösung, das ist das Blut der Mutter, in welches die Anode (das Gehirn) und Kathode (die Gebärmutter) getaucht sind, denn das Blut umspült alle Körperzellen und Organe, in ihm sind in gelöster Form alle Stoffe enthalten: Gold, Silber, Kupfer usw. Die Anode, der Kopf, liefert das bluterneuernde Metall, das heißt die Gedanken. Wie edel und wertvoll der vom Vater gegebene Keim auch sein mag, hegt die werdende Mutter nur Gedanken aus Blei, symbolisch gesprochen, dann darf sie sich später nicht wundern, wenn ihr Kind in Blei gehüllt zur Welt kommt, d.h. schwermütig, ängstlich und oft auch krank.

Nehmen wir nun aber an, die Mutter weiß um die Gesetze der Galvanoplastik und entschließt sich, diese während ihrer Schwangerschaft anzuwenden. Sobald sie den Keim in ihrem Schoß (die Kathode) empfangen hat, führt sie ein Goldplättchen, d.h. erhabene, lichtvolle Gedanken in ihren Kopf (die Anode), das heißt, das höchste Ideal, die erhabensten Gedanken. Das Strömen setzt ein, und das den Körper durchfließende Blut führt dem Keim das edle Metall zu. Das sich entwickelnde Kind wird mit diesen goldenen Gewändern umhüllt und kommt es dann zur Welt, ist es kräftig, wohlgestaltet und edel. Es ist fähig, Schwierigkeiten, Krankheiten und alle schädlichen Einflüsse zu meistern.

Die Mütter glauben im Allgemeinen, es sei belanglos, welche Gedanken sie während ihrer Schwangerschaft hegen, dass diese keinen Einfluss auf das Kind hätten. Erst nach der Geburt beginnen sie es zu umsorgen, stellen ihm Erzieher, Lehrer zur Seite usw... Nein, wenn das Kind geboren ist, ist es zu spät; es ist bereits geprägt. Kein Pädagoge, kein Lehrer vermag ein Kind mehr zu wandeln, wenn die Materie der Elemente, aus denen es im Mutterleib geformt wurde, von schlechter Qualität war; sie bleibt im Großen und Ganzen so wie sie war. Ist die Materie glanzlos wie Blei, so kann man sie vergeblich anschneiden, damit sie wie Silber glänzt, sie wird bald den Glanz wieder verlieren, d.h. das Kind fällt trotz der Erziehung, die man ihm angedeihen lässt, immer wieder in seine Schwächen zurück.

Man muss begreifen, wie wichtig es für eine schwangere Frau ist, nur erhabene, lichtvolle Gedanken zu hegen. Dank dieser Gedanken reichert sich der in ihr wachsende Keim jeden Tag mit der reinsten und kostbarsten Materie an, und statt eines schwachsinnigen, kranken oder gar kriminell veranlagten Wesens erblickt ein Wissenschaftler, Künstler oder ein Heiliger, ein Bote Gottes, das Licht der Welt.

Wenn eine werdende Mutter nichts von den Gesetzen der Galvanoplastik weiß und niederen Gedanken, allen Launen und Gelüsten nachgibt, die sie während der Schwangerschaft überkommen, so weiß sie auch nicht, dass sie dann von bösartigen Wesenheiten umgeben ist, die sie ständig heimsuchen. Diese Wesenheiten, die später am Leben des Kindes, das geboren werden soll, teilhaben wollen, treiben die Mutter exakt dazu, sich so zu verhalten, dass sich die Galvanoplastik in ihr in der größten Unordnung vollzieht. Das ermöglicht später diesen Wesenheiten, sich in diesem Kind einzunisten und sich seiner zu bedienen. Auf diese Weise suchen sie das Kind heim, wenn es aufwächst und können in seiner Seele ein- und ausgehen und sich durch es ernähren. Genauso verhält es sich auch mit den lichtvollen Wesenheiten, wenn es der Mutter gelungen ist, diese anzuziehen.

Die Galvanoplastik im geistigen Leben

Das Phänomen der Galvanoplastik lehrt uns, wie wir unseren Kopf mit den besten Gedanken und unser Herz mit den besten Gefühlen erfüllen können, um alle guten Eigenschaften, die unser himmlischer Vater von Anbeginn der Schöpfung in uns gelegt hat, zu entwickeln. Sind diese edlen Eigenschaften in unserem Wesen zur Entfaltung gelangt, dann strahlt aus uns das Antlitz unseres Himmlischen Vaters, das der vollkommenen Liebe, der vollkommenen Weisheit und der vollkommenen Wahrheit.

Wir müssen darum täglich nach den Gesetzen der Galvanoplastik vorgehen. Erstens, indem wir in unseren Kopf nur Gedanken aus widerstandsfähiger Materie, aus kostbarem Gold, Einlass gewähren. Zweitens, indem wir in unser Herz und unsere Seele das Bild eines außergewöhnlichen Wesens, eines großen Meisters, Jesus z.B., einlassen. Drittens, indem wir uns mit dem Zentrum verbinden, aus dem alle Lebenskräfte fließen. Dann beginnt etwas in uns zu arbeiten. Von diesem Moment an, da wir in die Lösung des kosmischen Äthers getaucht sind, beginnt in uns eine wunderbare Arbeit. Unser Geist gibt täglich feinste Stoffteilchen frei, die vom Energiestrom zu unserem Gesicht, zu den einzelnen Körperzonen, in jede Zelle getragen werden. Unter ihrem Einfluss verändern sich unsere Gesichtszüge und unsere ganze Gestalt, und eines Tages werden wir zum wahren Ebenbild Gottes.

Wer wiederholt ein Bild intensiv betrachtet, wird ihm dank des galvanoplastischen Vorgangs immer ähnlicher. Menschen, die einander lieben, zusammenleben und häufig aneinander denken, gleichen sich schließlich immer mehr. Oft lässt sich sogar eine erstaunliche Ähnlichkeit zwischen manchen Tieren und deren Herrchen feststellen. Manchmal ist es der Hund, der seinem Herrn immer ähnlicher wird, aber leider ist es manchmal das Herrchen, das allmählich immer mehr seinem Hund gleicht!...

Es gibt also Gesetze, die wir zu unserer Höherentwicklung anwenden können. Wenn ihr mich richtig verstanden habt, so werdet ihr dies von jetzt an tun. Ihr wählt das Bild eines schönen, starken, reinen, weisen Wesens, das voller Liebe ist. Nehmt dieses vollkommene Bild in euren Sinn auf, betrachtet es mit inniger Verehrung, und euer Gesicht wird immer mehr diesem Bild gleichen, das ihr angeschaut habt.

Ihr denkt zweifelsohne, es sei schwierig, allein durch das Betrachten eines Bildes einen Verwandlungsprozess zu realisieren. Sicher, in einem Tag oder einer Woche ist es wirklich unmöglich, sich derart zu verwandeln. Tut ihr es aber voller Geduld und Glauben, werdet ihr die Ergebnisse sehen. Das Erste, was ihr tun müsst, ist, euch bewusst zu werden, dass ihr noch schreckliche Bilder in euch tragt, die euch herunterziehen in niedere Bewusstseinszustände, und dass ihr diese dann ersetzt durch das Bild eines Meisters, das von Christus oder eines hohen Eingeweihten. Verehrt dieses Bild als euer Liebstes! Denn die Liebe ist die Urkraft, die die größten Veränderungen bewirkt.

Kapitel 12

Der Solarplexus

Die Bedeutung des Solarplexus

Der Solarplexus* steuert alle Körperfunktionen. Von ihm hängen Atmung, Ausscheidung, Ernährung, Wachstum, Blutkreislauf und Nervensystem ab. Über ihn kann der Mensch auch im wahrsten Sinn des Wortes mit dem Universum kommunizieren, denn der Solarplexus ist mit dem ganzen Universum verbunden. Er ist also für uns ein sehr, sehr wichtiges Zentrum und wir müssen alles vermeiden, was ihn zusammenzieht, denn er steuert seinerseits das Zusammenziehen der Blutgefäße und der verschiedenen Kanäle des Organismus. Und wenn die Zirkulation des Blutes oder anderer Körpersäfte beeinträchtigt wird, bilden sich Ablagerungen, die mit der Zeit alle möglichen Beschwerden hervorrufen.

Wie man den Solarplexus kräftigt

Was den Solarplexus am meisten beeinträchtigt und als Folge auch die inneren Organe wie Leber, Nieren, Magen usw., das sind Angst, Wut, Sorgen, Zweifel, ungeordnete Liebesbeziehungen, chaotische Gedanken und Gefühle. Da der Solarplexus der Speicher für alle Kräfte ist, haben derartige Störungen die totale Entmagnetisierung zur Folge.

* Über den Solarplexus siehe auch »Das Gleichnis von den fünf klugen und den fünf törichten Jungfrauen« im Band 217 »Ein neues Licht auf das Evangelium« und »Das geistige Herz« in Band 6 der Reihe Gesamtwerke »Die Harmonie«.

Doch so wie der Solarplexus leer gemacht werden kann, so kann er sich auch auffüllen. Und genau das muss der Schüler lernen – wie man seinen Solarplexus auffüllen kann.

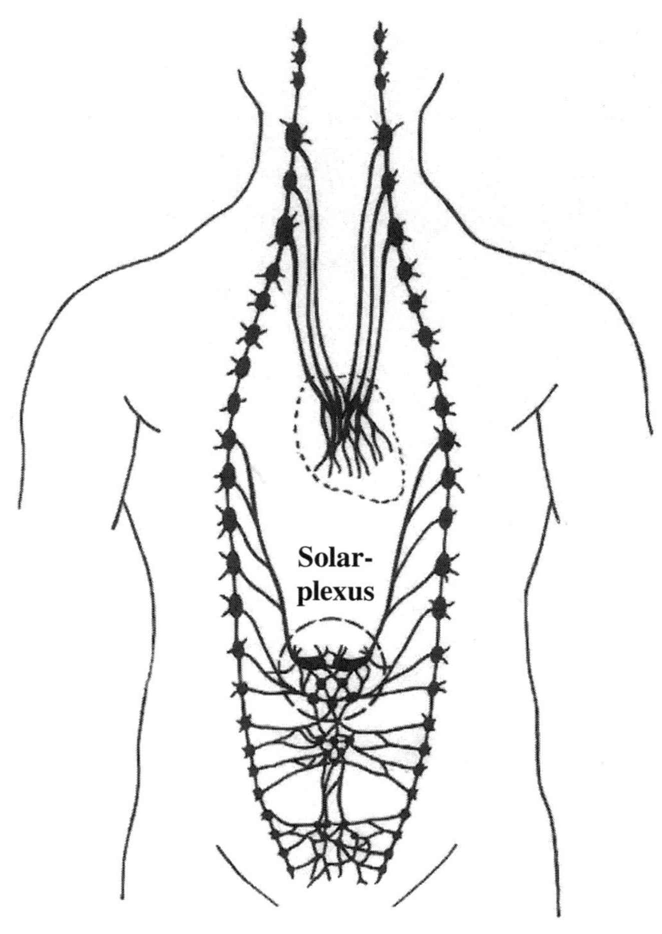

Ich gebe euch hierzu einige Methoden:

1. Jeder Baum ist ein Speicher von Kräften, die der Sonne und der Erde entstammen, und man kann sich diese Kräfte nutzbar machen. Wählt euch einen großen Baum, zum Beispiel eine Zeder, eine Eiche, eine Buche oder eine Tanne. Lehnt euch mit dem Rücken an den Baumstamm, legt die linke Hand auf den Rücken, wobei die Handinnenfläche den Baumstamm berührt; legt gleichzeitig die rechte Handinnenfläche auf euren Solarplexus. Konzentriert euch nun auf den Baum und bittet ihn, euch einen Teil seiner Kräfte zu geben; so vollzieht sich eine Art Transfusion, eine Zufuhr von Energien, die ihr mit der linken Hand aufnehmt und durch die rechte in den Solarplexus einströmen lasst. Anschließend dankt ihr dem Baum.

2. Ihr könnt den Solarplexus auch stärken, indem ihr dem Sprudeln einer Quelle, dem Rauschen eines Wasserfalls oder einem rieselnden Brunnen zuschaut und zuhört. Rein äußerlich gesehen ist dies eine recht unbedeutende Methode, aber sie ist von großer Wirkung. Das fließende Wasser beeinflusst den Solarplexus, der sich entkrampft und wieder tätig wird und die Schadstoffe beseitigt.

3. Beim Meditieren über edle und göttliche Themen, könnt ihr die Hand auf den Solarplexus legen, um ihn mit Kräften und Energien aufzuladen, die ihr später verwenden könnt. Fühlt ihr euch erfüllt von Freude und Kraft, so vergeudet sie nicht unnütz mit Gebärden, Worten, Gedanken und Gefühlen, sondern führt aus, was ich soeben sagte: Legt die rechte Hand auf den Solarplexus, meditiert dabei und füllt ihn schweigend mit dieser Kraft, dieser Freude. Der Solarplexus ist die Bank, auf der wir das Geld anhäufen, das wir später brauchen. Wir können jeden Tag diese Erfahrung machen.

Gehirn und Solarplexus

Der Solarplexus ist genau umgekehrt aufgebaut wie das Gehirn. Im Gehirn ist die graue Masse außen und die weiße innen, während im Solarplexus die graue Masse innen und die weiße außen ist. Der Solarplexus ist es, der das Gehirn bildete und es nährt. Das Gehirn ist ein Produkt des Solarplexus, dessen Kind. Er führt ihm Nahrung zu, d.h. Energien und Kräfte. Unterbricht er die Zufuhr, dann schläft der Mensch ein, stumpft ab oder hat Kopfschmerzen und kann nicht mehr denken. In Wirklichkeit ist das Gehirn vom Solarplexus nicht getrennt, aber nur wenige Menschen wissen, wie man die Energien des Solarplexus bis ins Gehirn leitet.

Das Gehirn ist dynamisch, aktiv, aber es ermüdet schnell, wenn ihm der Solarplexus keine Energien liefert. Darum müsst ihr, bevor ihr eine gedankliche Leistung vollbringt, meditiert und euch konzentriert, zunächst euren Solarplexus aktivieren. Massiert ihn zum Beispiel gegen den Uhrzeigersinn. Nach ein paar Minuten werdet ihr fühlen, dass euer Denken frei und klar wird und ihr euch an die Arbeit machen könnt. Die Tätigkeit muss harmonisch zwischen Gehirn und Solarplexus verteilt werden.

Füße und Solarplexus

Sicherlich habt ihr bei bestimmten sehr einfachen Gelegenheiten des täglichen Lebens einen Zusammenhang zwischen Füßen und Solarplexus bemerkt. Wenn eure Füße sehr kalt geworden sind, dann fühlt ihr, wie der Solarplexus sich zusammenzieht und esst ihr dann etwas, so ist die Verdauung gestört. Taucht ihr hingegen eure Füße in warmes Wasser, so spürt ihr die Entspannung im Solarplexus, eine sehr wohltuende Empfindung, die euch in eine angenehme Stimmung versetzt.

Fühlt ihr euch also total entkräftet, verwirrt oder nervlich angespannt, so bereitet euch ein warmes Fußbad, taucht die Füße hinein und wascht sie mit großer Sorgfalt. Dies wirkt kräftigend auf den Solarplexus, und euer seelisches Befinden erfährt dadurch augenblicklich eine Besserung. Wenn es euch einmal zu Hause nicht gelingt zu meditieren, nehmt ein Fußbad, und ihr werdet sehen, dass es euch viel leichter fällt, euch zu konzentrieren.

Kapitel 13

Das Harazentrum

Das Harazentrum* liegt 4 cm unterhalb des Nabels. Für die japanischen Weisen ist dieses Zentrum das Zentrum des Lebens, des inneren Gleichgewichts, das universale Zentrum. Und wenn es dem Menschen durch Konzentration darauf gelingt, dieses Zentrum zu entwickeln, wird er unermüdlich und unbesiegbar. All jene, die ihr Harazentrum entfaltet haben, zeichnen sich im Leben durch eine außergewöhnliche Ausgeglichenheit aus.

Übung

Manchmal legen die Eingeweihten beim Meditieren ihre Hände auf den Bauch. Damit konzentrieren sie sich auf den Harabereich, um die Energien zum Kreisen zu bringen, die dann den ganzen Organismus nähren sollen. Auch ihr könnt diese Übung machen. Legt eure Hände jeden Tag, ob im Stehen, Sitzen oder Liegen, einige Minuten auf das Harazentrum und sendet ihm viel Liebe. Achtet jedoch darauf, weiter unten keine Gefühle zu wecken. Diese Übung soll geistige Kräfte hervorrufen, die euch ein Gefühl von Beständigkeit, Kraft und innerer Weite vermitteln.

* Zum Hara-Zentrum siehe auch das das gleichnamige Kapitel 10 im Band 6 der Reihe Gesamtwerke »Die Harmonie«.

Dieses Zentrum wird in zahlreichen Büchern über Okkultismus erwähnt, aber in sehr unterschiedlicher Weise. Der Alchimist Basilius Valentin z. B. spricht in seinem Buch »Die zwölf Schlüssel« vom Hinabsteigen in das Zentrum der Erde, um dort den Stein der Weisen zu finden. In Wahrheit geht es dabei keineswegs darum, in das Innere unseres Planeten hinunterzusteigen, sondern um das Vordringen in die Tiefen unseres Wesens, in unseren physischen Körper, denn dort finden wir alle Materialien, Reichtümer und Schätze.

In den heiligen Schriften Indiens heißt es, Brahma wohne im Bauch, Vishnu in Herz- und Lungengegend und Shiva im Gehirn. Warum wohnt eigentlich Brahma, der Schöpfer im Bauch? Wenn man sich mit dem Menschen befasst, so stellt man fest, dass genau der Bauch das Zentrum ist, in dem das Leben entsteht. Jawohl, die Quelle des Lebens ist dort, im Bauch. Im Evangelium heißt es sogar: »Von seinem Leib werden Ströme lebendigen Wassers fließen.« Warum von seinem Leib? Warum nicht von Gehirn oder Lunge? Was bergen wohl die Eingeweide, dass dort Wasser entspringt? Brahma, der Schöpfer, wohnt darin. Aber um ihn zu fühlen, mit ihm verbunden sein zu können, bedarf es jahrelanger Arbeit.

Auch in der Erzählung von der Geburt Jesu in einer Krippe ist eine tiefgründige Wahrheit enthalten. Diese Krippe, in welcher Jesus geboren wurde, ist das Harazentrum. Denn was im Augenblick der Geburt Jesu geschah, vollzieht sich immer von neuem, wenn es einem Menschen gelingt, in der geistigen Welt geboren zu werden. Das wird in der Einweihungswissenschaft die zweite Geburt genannt. Die Geburt Jesu in einer Krippe hat demnach einen initiatischen Aspekt von höchster Bedeutung. Dort im Harazentrum muss der Schüler in seinem Inneren dieses neue Bewusstsein gebären, das Christkind.

Kapitel 14

Übungen mit dem Licht

Befasst euch ständig mit dem Licht!

Man muss das Licht suchen, sich darauf konzentrieren, es trinken, essen, es über alle Schätze der Welt stellen. Sobald ihr einen Augenblick Zeit habt, schließt die Augen und konzentriert euch auf das Licht, das alles durchdringt und reichen Segen bringt.

Wenn ihr beim Zahnarzt oder auf dem Bahnhof warten müsst, denkt einige Minuten an das Licht, anstatt mit nutzlosem und dummem Zeug vollgestopfte Illustrierte durchzublättern.

Geht ihr auf der Straße, so bleibt einen Augenblick vor einem Schaufenster stehen, tut so, als ob ihr es betrachtet, sammelt euch einige Sekunden und versucht, das Licht in euch einzulassen. Beim Weitergehen werdet ihr euch erleichtert, gereinigt fühlen.

Diese Übung ist für alle Lebensumstände brauchbar. Ob ihr kocht, Briefe schreibt, euch wascht, an- oder auszieht, ihr könnt euch immer für einige Sekunden das Licht vorstellen, in das das Universum getaucht ist. Manche Hellseher haben es gesehen. Sie haben gesehen, dass alle Geschöpfe, alle Dinge, ja sogar die Steine, in Licht getaucht sind und dieses Licht ausstrahlen.

Wenn wir in der Stille meditieren, lasst alles, was euch beschäftigt beiseite und konzentriert euch auf das Licht, als hinge euer Heil davon ab. Also, denkt, euer letzter Augenblick sei gekommen, ihr müsstet die Erde verlassen und allein das Licht könne euch retten, und so verbindet ihr euch mit ihm. Nur das Licht, nichts anderes, darf zählen.

Ihr könnt euch dieses Licht weiß, weißglühend vorstellen, und sagt dann wie die Eingeweihten: »Ich bin ein Funke aller Funken der glühenden Seele.« Ihr könnt es euch auch violett, blau, grün, gelb, orange oder rot vorstellen, besser aber weiß, denn das weiße Licht enthält und vereint alle anderen Farben in sich. In diesem weißen Licht habt ihr die Allmacht des Violett, den Frieden und die Wahrheit des Blau, den Reichtum und die ewig verjüngende Kraft des Grün, die Weisheit und Erkenntnis des Gelb, die Gesundheit, Kraft und Vitalität des Orange, die Stärke, das Leben und die Dynamik des Rot. Seht es aber vor allem weiß.

Seid ihr dann ganz auf das Licht konzentriert, fühlt es wie ein vibrierendes, pulsierendes und rauschendes Meer, in dem alles Frieden, Glück, Freude ist. Dann fühlt ihr auch, dass dieses Licht Duft und Musik ist, die kosmische Musik, die man Sphärenmusik nennt – der Gesang all dessen, was im Universum existiert.

Es gibt keine würdigere, glorreichere, machtvollere Arbeit als diese Arbeit mit dem Licht. Wollt ihr euch wirklich mit etwas Großem, Edlen beschäftigen, dann gibt es nur dies.

Das Licht besänftigt und heilt

Wenn ihr spürt, dass eure Seele in Dunkelheit gehüllt ist durch Kummer, Schwierigkeiten oder Zweifel, dann wendet euch dem Licht zu und sagt zu ihm: »Oh Licht, mit deiner unübertrefflichen Intelligenz, ziehe in mich ein, erhelle mein Herz und mein Gehirn!« Und das Licht kommt und erhellt euch.

Wollt ihr jemandem helfen, der in Not ist, sendet ihm in Gedanken leuchtende Strahlen, durchdringt ihn mit diesen Strahlen.

Fühlt ihr Schmerzen im Körper, so ruft das Licht. Stellt euch vor, dass aus euren Fingern Strahlen in allen Farben fließen und lenkt sie auf die schmerzende Stelle. Nach einiger Zeit merkt ihr eine Besserung.

Das Elixier des ewigen Lebens ist kondensiertes Licht.

Das Licht bietet Schutz

Wenn ein Mensch euch mit Gewalt bedrängt und ihr euch vor ihm schützen möchtet, so umhüllt euch und ebenso ihn mit Licht, und es wird ihm nicht mehr gelingen, seine bösen Absichten in die Tat umzusetzen.

Geht ihr nachts durch die Straßen und fühlt euch nicht mehr sicher, dann bittet das Licht, euch zu begleiten. Es wird euch leuchten und euch vor Gefahen bewahren. Natürlich müsst ihr auch vernünftig sein und euch nicht grundlos und unvorsichtig Gefahren aussetzen, indem ihr euch einbildet, der Himmel hätte nichts anderes zu tun, als über euch zu wachen, was immer ihr auch tut. Nicht die Übeltäter selbst werden das Licht fühlen, sondern die bösen Geister, die mit ihnen sind. Sie drängen sie, vom Licht erschreckt, zur Flucht.

Das Licht bringt Harmonie und Liebe

Wollt ihr, dass eure Familie in harmonischer Eintracht lebt, so seht in Gedanken euer Heim in Licht getaucht.

Wollt ihr von Freunden, die ihr besucht, freundlich empfangen werden, so sammelt euch zuerst und sendet Licht in das Haus, das ihr betreten werdet, und dann geht hinein. Die meisten Menschen gehen zu ihren Freunden, wenn sie in düsterer, unzufriedener, gereizter oder unruhiger Stimmung sind. Auf diese Weise verliert man eines Tages seine Freunde.

Ihr möchtet die Liebe eines Menschen gewinnen? Dann müsst ihr wissen, dass alle Mittel wie Geld, Verführung oder Gewalt verboten sind. Das einzige erlaubte und wahrhaft wirksame Mittel ist, den Menschen, die man anziehen möchte, Lichtgeschenke zu senden und sie damit zu umgeben. Ihr wollt, dass jemand euch liebt und an euch denkt? Sendet ihm Licht! Seine Seele wird diese wohltuenden Wellen empfangen, er wird euch immer mehr schätzen und damit beginnen, sich um euch zu kümmern.

Sendet Lichtsignale zum Himmel

Die ganze Welt ist wie ein dunkler Ozean. Auf diesem Ozean gleicht ihr in der Nacht verirrten Schiffen. Damit die Geister, die euch helfen wollen, euch auch finden können, müsst ihr Lichtsignale in die Nacht senden. Diese Signale sind das Licht, das der Mensch rundum ausstrahlt, damit die erhabenen Geister ihn inmitten der Finsternis finden können. Es steht geschrieben: »Betet!«, das heißt, sendet Lichtstrahlen gen Himmel. Die unsichtbare Welt kümmert sich nicht gerne um Erloschenes. Wenn ihr ihre Aufmerksamkeit auf euch ziehen wollt, zündet eure Lampen an.

Das Licht, Bildnis Gottes

Stellt euch ein blendend helles Licht vor, in dem alles vibriert, pulsiert, wie in einem unendlichen Ozean vereint: die Sonnen, die Engel, die Erzengel... Dieses Licht, in dessen Schoß alle Formen fließend ineinander übergehen, ist das wahre Bildnis Gottes.

Gemeinsam auszuführende Übung: Die Sonne, die die Welt erleuchtet.

Konzentriert euch und stellt euch vor, dass ihr von gleißendem Licht umgeben seid und dieses Licht mit solch einer Leuchtkraft strahlt, dass wir alle zusammen eine riesige Sonne bilden, die die ganze Welt erhellt. Jeder soll sich selbst leuchtend fühlen, wie eine pulsierende, lichtsprühende Sonne, die sich mit den anderen Sonnen vereint, um eine einzige Sonne zu bilden.

Lasst dieses Licht herein in euer Herz und euren Kopf, und betrachtet seine vielfarbigen Strahlen. Sendet alle vereint die Lichtstrahlen für die ganze Welt hinaus und lasst alles andere während dieser Übung beiseite.

Kapitel 15

Die Aura

Alles, was lebt, die Menschen, Tiere, Pflanzen, ja, selbst die Steine, senden Partikel aus und verströmen Emanationen. Und diese Partikel und Emanationen nennt man Aura.* Die Aura des Menschen setzt sich aus den Emanationen seiner verschiedenen Körper zusammen, sowohl seines physischen als auch seines Äther-, Astral-, Mental-, Kausal-, Buddhi- und Atmankörpers, wobei jeder Körper mit seinen Emanationen besondere Nuancen beiträgt. Die Aura ist also eine sehr umfassende Synthese der unterschiedlichen Neigungen, Eigenschaften und Qualitäten des Menschen. Bei manchen ist sie sehr ausgedehnt, sehr weit reichend, hat eine intensive Schwingung und herrliche Farben; bei anderen ist sie im Gegenteil ganz klein, unscheinbar und trübe.

Die Aura als Schutz

Eine intakte Aura ist der beste Schutz. Die Umwälzungen, die auf der Erde stattfinden, können uns nichts anhaben, wenn wir eine reine, leuchtende, kraftvolle Aura haben; denn sie umgibt uns wie ein Schutzwall, der allen schlechten Strömungen und Erschütterungen aller Art widersteht. Von einer solchen Aura umgeben lebt der Schüler wie in einer Festung, und wenn

* Siehe auch das Kapitel „Die Aura“ aus Band 6 der Reihe Gesamtwerke „Die Harmonie“.

alle um ihn herum aufgeregt, verstört und kraftlos sind, bewahrt er seine Liebe und seinen Mut, weil er spürt, dass er von einem inneren Licht erfüllt ist, dank dem er den anderen helfen kann.

Die Farben der Aura als Bezugspunkt

Ihr wollt bei allem das Wahre vom Falschen unterscheiden können? Dann braucht ihr einen Bezugspunkt, ein Muster, um die Wahrheit zu erkennen. Dieses Muster könnt ihr nur haben, wenn in eurer Aura die blaue Farbe vorhanden ist. Das echte Blau wird euch leiten.

Ihr strebt nach Weisheit und Intelligenz? Dank der Farbe gelb in eurer Aura findet ihr sie, usw...

Wie man an der Aura arbeitet

Ihr könnt auf zwei Arten an eurer Aura arbeiten. Zunächst einmal mit dem bewussten Willen, das heißt, indem ihr euch vorstellt, in den reinsten, leuchtendsten Farben zu schwimmen. Und um euch die sieben Farben genau vorstellen zu können, müsst ihr ein Prisma zu Hilfe nehmen, weil allein die Farben, die sich aus der Aufspaltung des weißen Lichtes im Prisma ergeben, die echten Farben sind. Die Farben, die ihr in der Natur an Blumen, Vögeln oder an den Kristallen seht, sind nur Nuancen, die den wahren Farben mehr oder weniger nahe kommen. Nur mit dem Prisma könnt ihr das wahre Rot, das wahre Gelb, Grün, Blau, Violett usw. sehen.

Ihr könnt folgende Übung machen: Stellt euch vor, dass alle Farben von euch ausgehen und sich im Raum ausbreiten. Ihr selbst steht im Zentrum einer Kugel und sendet von dort eure Liebe als Farb- und Lichtprojektion überallhin in das Universum.

Die zweite Methode besteht darin, dass ihr an den Tugenden wie Reinheit, Nachsicht, Großzügigkeit, Güte, Hoffnung, Glaube, Demut, Gerechtigkeit, Selbstlosigkeit arbeitet. Diese zweite Methode ist sehr viel zuverlässiger. Ihr übt euch in den Tugenden, und diese Tugenden werden eure Aura bilden. Durch die Liebe belebt ihr sie, durch die Weisheit macht ihr sie leuchtender, durch die Kraft eures Charakters macht ihr sie stärker, durch ein reines Leben wird sie durchsichtig und klar. Die Eigenschaften, die ihr eurer Aura verleiht, hängen von den Tugenden ab, die ihr entwickeln könnt.

Beide Methoden zusammen sind natürlich noch besser. Denn sammelt und konzentriert ihr euch jeden Tag auf die Aura, lebt jedoch ein ganz gewöhnliches Alltagsdasein, ohne danach zu trachten, Tugenden zu entwickeln, so baut ihr einerseits auf, reißt aber andererseits wieder alles nieder. Deshalb sollten beide Methoden kombiniert werden, sowohl ein aufrichtiges, reines, mit Liebe erfülltes Leben zu führen als auch zugleich bewusst an der Aura zu arbeiten. Gemäß ihrer Entwicklung hilft euch diese Aura, mit allen Regionen des Alls in Verbindung zu treten.

Kapitel 16

Der Lichtkörper

Im Neuen Testament wird erwähnt, dass wir einen unvergänglichen Körper besitzen, einen Körper aus reinem Licht, den so genannten Lichtkörper.* Mit ihm vermochten wir uns vor langer Zeit im Weltraum zu bewegen, um alles zu sehen und zu erfahren. Weil wir in die dichten Schichten der Materie hinabstiegen, vernachlässigten wir diesen Körper und nahmen ihm nun alle Möglichkeit, sich zu manifestieren. Wir müssen uns also mit ihm befassen, ihn nähren, damit er sich von neuem entfalten kann und wieder seine ursprüngliche Aufgabe übernimmt. Denn in diesem Körper werden wir ewig leben und dank ihm unsere einstigen Kräfte wiedererlangen. Die Tiere werden uns gehorchen, die Geister uns zu Diensten stehen... Alle Kräfte stehen demjenigen zur Verfügung, der seinen Lichtkörper zur Entfaltung bringen konnte, denn im Lichtkörper, und nicht im physischen Körper, wohnt Gott.

Wie wir unseren Lichtkörper entfalten

Was macht man mit einem Samen? Man steckt ihn in die Erde, man kümmert sich um ihn und begießt ihn. Er wächst, er wird ein Baum, d.h. ein voll entwickelter Körper. Aber dieser Körper war potentiell schon mit all seinen künftigen

* Siehe den Vortrag »Der Friede« in Band 5 der Reihe Gesamtwerke »Die Kräfte des Lebens« und Kapitel »Der Auferstehungsleib« in Band 209 der Reihe Izvor.

Entwicklungsmöglichkeiten im Samen vorhanden. Alles ist im Samen enthalten. Seine Größe, seine Schönheit, die Früchte des Baumes, aber man muss dem Samen Nahrung geben, ihn begießen, sonst stirbt er.

Der Lichtkörper ist als Same, als Keim in uns enthalten, und die Arbeit des Schülers besteht darin, ihn zu begießen, zu wärmen, zu nähren. Darum nährt und stärkt ihr euren Lichtkörper, wenn ihr Augenblicke intensivsten spirituellen Erlebens habt, wenn ihr Musik hört oder tief bewegt seid von einem Schauspiel von großer Schönheit. Diese Gefühle der Liebe und des Entzückens, diese Empfindungen sind Partikel, mit deren Hilfe ihr ihn nährt, genau wie die schwangere Frau ihr Kind mit ihrem Blut, ihren Gedanken und ihren Gefühlen nährt.

Nur mit den reinsten und lichtvollsten Elementen könnt ihr euren Lichtkörper nähren. Deshalb müsst ihr sehr achtsam eure Gedanken und Gefühle auswählen. Und wenn ihr schwierige Momente durchlebt, in denen ihr durcheinander seid, Hassgefühle, Eifersucht, der Wunsch nach Rache in euch aufsteigen, ruft euch sofort ins Gedächtnis, dass ihr damit den Lichtkörper in seiner Entfaltung hemmt und ändert eure Verfassung.

Der Lichtkörper lässt sich nur mit dem Besten, was wir haben, bilden. Nähren wir ihn lange Zeit mit unserem Fleisch und Blut, unserem Fluidum und unserem Leben, dann wird er leuchtend, strahlend, kraftvoll, unsterblich, weil er aus unveränderlichen, unvergänglichen Substanzen besteht. Und er wirkt Wunder. Zunächst in uns selbst und dann außerhalb von uns.

Ihr werdet fragen: »Aber wie können wir diese Substanzen anziehen?« – Durch das Gesetz der Affinität. Jedes Gefühl, jeder Wunsch und jeder unserer Gedanken hat die Eigenschaft, aus dem Kosmos die ihm entsprechenden Substanzen anzuziehen. Deshalb ziehen gute Gedanken, gute Gefühle und gute Wünsche, unterstützt von einem festen Willen, Stoffteilchen aus unvergänglicher, unveränderlicher Materie an. Arbeitet der Schüler jeden Tag daran, diese Materie anzuziehen, dann fließt sie überall in seinen Organismus ein und lässt sich dort nieder. Sie findet dort ihren Platz und vertreibt gleichzeitig alle alten, verstaubten, trüben und vermoderten Teile, bis zur völligen Erneuerung des physischen Körpers, des Äther-, Astral- und Mentalkörpers.

Andererseits ist mit jedem Stoffteilchen auch eine bestimmte Kraft verbunden. Und je reiner eine Materie ist, umso mehr schwingt sie und zieht ihrer Reinheit entsprechende Kräfte an. Wenn ihr also in eurem Organismus veraltete Teilchen durch neue, reinere ersetzt, die ihr in himmlischen Regionen aufgenommen habt, dann zieht ihr zugleich Strömungen und Kräfte aus den höheren Welten an. So nehmt ihr jedes Mal, wenn ihr euch bis zur göttlichen Welt erhebt, um sie in all ihren Formen von Licht, Schönheit, Musik und Harmonie zu betrachten, neue Partikel auf, und da jedes von ihnen lebendig ist, kommt es nicht allein, es bringt seinerseits ihm entsprechende Kräfte, Energien und Geistwesen mit.

Ihr solltet so weit kommen, über euch hinauszuwachsen, euch selbst zu übertreffen, um die reinsten, lichtvollsten Partikel des ätherischen Ozeans anzuziehen und sie mit eurem Lichtkörper zu verschweißen. Ihr könnt diese Partikel schon heute anziehen. Zuerst in kleinen Mengen und dann jeden Tag mehr und mehr. Genau das tut ihr, wenn ihr morgens zum Sonnenaufgang geht. Ihr entfernt euch von der Erde, ihr verbindet euch mit dem Himmel, der Sonne, um dabei einige hell strahlende Teilchen aufzunehmen, die ihr dann eurem Lichtkörper hinzufügt.

Kapitel 17

Einige Formeln und Gebete

Gebet für den Autofahrer

»Allmächtiger Gott,
beschütze uns vor uns selbst und vor all denen,
die um uns sind.
Halte uns im Licht.
Sende uns einen Engel, der uns führt!
Danke Herr, danke Engel! «
(3 Mal sprechen)

*

Formel zur Blutstillung

»Durch Adams Blut kam der Tod,
durch Christi Blut kam das Leben,
Blut, halte ein!«
(3 Mal sprechen)

*

»Herr, gib mir nicht zu viel,
damit ich Dich nicht vergesse;
gib mir nicht zu wenig,
damit ich mich nicht auflehne.«

*

»Oh, Herr, Du kannst über mich verfügen
nach Deinem Willen,
zum Ruhme und zum Erfolg Deines Reiches.
Alles, was ich habe, gehört Dir.
Ich werde Deinen Willen erfüllen.
Oh Herr, ich bin Dein Diener.«

*

»Das Herz sei rein wie ein Kristall,
der Verstand leuchtend wie die Sonne,
die Seele weit wie das All,
der Geist mächtig wie Gott
und eins mit Gott.«

*

»Herr, ich liebe Deine Weisheit,
ich glaube an Deine Liebe,
ich hoffe auf Deine Kraft.«

Formeln von Meister Peter Danov

Niama ljubov kato boschjata ljubov,
Samo boschjata ljubov e ljubov.

Keine Liebe ist wie die Liebe Gottes.
Nur die Liebe Gottes ist Liebe.

Niama madrost kato boschjata madrost,
Samo boschjata madrost e madrost.

Keine Weisheit ist wie die Weisheit Gottes.
Nur die Weisheit Gottes ist Weisheit.

Niama istina kato boschjata istina,
Samo boschjata istina e istina.

Keine Wahrheit ist wie die Wahrheit Gottes.
Nur die Wahrheit Gottes ist Wahrheit.

Niama pravda kato boschjata pravda,
Samo boschjata pravda e pravda.

Keine Gerechtigkeit ist wie die Gerechtigkeit Gottes.
Nur die Gerechtigkeit Gottes ist Gerechtigkeit.

Niama dobrodetel kato Christovata dobrodetel,
Samo Christovata dobrodetel e dobrodetel.

Keine Tugend ist wie die Tugend Christi.
Nur die Tugend Christi ist Tugend.

Niama slava kato Christovata slava,
Samo Christovata slava e slava.

Keine Herrlichkeit ist wie die Herrlichkeit Christi.
Nur die Herrlichkeit Christi ist Herrlichkeit.

Niama sila kato silata na ducha,
Samo silata na ducha e sila boschja.

Keine Kraft ist wie die Kraft des Geistes.
Nur die Kraft des Geistes ist Gotteskraft.

Weihung eines Ortes oder Gegenstandes

Verbrennt Weihrauch und sagt dabei:

»Durch die unbegrenzte Allmacht
von Gottes heiligem Namen:

Jod He Vau He

und durch die Allmacht der Göttlichen Mutter
und des magischen göttlichen Wortes
seien alle unreinen und bösartigen Wesen
von diesem Ort (oder: aus diesem Gegenstand)
vertrieben und verbannt.

Ich weihe diesen Ort (diesen Gegenstand)
Euch, oh Herr und Gott, unser Vater,
oh Göttliche Mutter, oh Christus, oh Heiliger Geist;
Euch zur Ehre, euch zum Ruhm und dem Licht,
auf dass keine Gegenkraft sich seiner bemächtige!
Amen. So sei es!«

*

»Oh Herr, erleuchte mich!
Mögen meine Augen Deine Werke so sehen
wie Du sie geschaffen hast.
Sende Licht auf meinen Weg!«

*

»Herr,
nimm mich auf in Deine Ewigkeit
und in Deine Unendlichkeit.
Tritt an meine Stelle
und manifestiere Dich durch mich:
Als Weisheit durch meinen Verstand,
Als Liebe durch mein Herz,
Als Kraft durch meinen Willen,
damit Dein Reich und Deine Gerechtigkeit
auf die Erde komme.«

Gebet zur Erlangung der Harmonie

Zuallererst müsst ihr euch mit Gott, dem Ursprung allen Seins in Einklang bringen. Sagt Folgendes:

»Mein Gott, bis zu diesem Tag war ich weder einsichtig noch vernünftig, aber ich sehe meine Fehler und bin bereit, mich zu bessern. Ich bitte um Deine Vergebung. Von nun an möchte ich im Einklang mit Dir leben. Erleuchte mich mit Deinem Licht, damit ich Deine Gesetze nicht mehr übertrete! Erlaube mir, Dich zu schauen! Ich will Dir gehorchen und Deinen Willen tun.«

Danach wendet euch an die Engel und Erzengel:

»Ihr brachtet mir so häufig Botschaften vom Schöpfer, die mich warnen oder zur Klarheit führen sollten, ich aber hatte mich im Strudel der Leidenschaften verstrickt und vernahm eure Stimme nicht... Ich bitte euch, mir weiterhin Licht zu senden, denn ich will euch gehorchen. Ich weiß, ihr seid Gottes höchste Diener, ich liebe und ehre euch.«

Wendet euch dann an die Meister und Wohltäter der Menschheit, an all diejenigen, die sich mit ihrem Leben für Gottes Werk eingesetzt haben:

»Ihr Meister, ich hörte nicht auf euch, denn ich glaubte, dass nur die menschliche Wissenschaft zählt. Jetzt sehe ich, dass ihr die Wahrheit, das Wesentliche erkannt und entdeckt habt. Ich will euch helfen und euch dienen. Sendet mir euer Wissen und eure Erkenntnis!«

Daraufhin bringt euch in Einklang mit der ganzen Menschheit und sagt:

»Meine lieben Brüder und Schwestern, mögen Friede und Harmonie unter uns walten! Lasst uns unsere Schwächen und Unvollkommenheiten vergessen, all das Böse, das wir einander angetan, und lasst uns gemeinsam im Felde des Herrn arbeiten, damit die Erde in ein blühendes Paradies verwandelt werde, wo wir alle brüderlich zusammenleben werden!«

Sprecht zu den Tieren:

»Ihr, die ihr zu Anbeginn der Schöpfung in Eintracht und Frieden mit uns lebtet, euch zu helfen ist unsere Pflicht, denn ihr seid durch unser Verschulden grausam geworden oder wurdet in harte Lebensbedingungen gedrängt. Ich sende euch Licht zu, damit ihr auf dem Wege der Weiterentwicklung schnell vorankommt.«

Sprecht zu den Pflanzen:

»O ihr Pflanzen, Bäume und Blumen, so reizend anzusehen, die ihr es hinnehmt, unbeweglich alle Unwetter zu ertragen, welch ein Beispiel gebt ihr uns! Ich danke euch für die Nahrung, die Schönheit und den Duft eurer Blüten. Ich sende euch meine liebevollsten Gedanken, ich möchte in Harmonie mit euch sein. Gebt mir eure Frische und Reinheit, und ich schenke euch meine Liebe.«

Sprecht zu den Steinen:

»Ihr, die ihr die Stütze der Menschheit seid, fester Grund, auf dem wir gehen, seit Jahrtausenden gebt ihr uns ein Beispiel der Beständigkeit und erlaubt, dass wir euch zur Errichtung unserer Häuser und vieler herrlicher Bauwerke benutzen. Gebt uns eure Kraft! Wir geben euch dafür die unsrige, damit ihr eines Tages erwachen mögt! Harmonie walte von nun an unter uns!«

Schließt die Augen und wiederholt mehrere Male an das ganze Universum:

»Ich liebe euch, ich liebe euch, ich liebe euch, ich bin in Harmonie mit euch!«

*

Allmächtiger Herr und Gott,
Schöpfer Himmels und der Erde,
Herrscher des Universums,
Quelle des ewigen Lebens,
Strahlendes Licht der Welt,
Liebe und Fülle,
wir bitten Dich von ganzem Herzen,
von ganzer Seele und ganzem Gemüt,
erhöre unser Gebet,
sende Deinen Geist der Liebe,
der Weisheit und Wahrheit,
damit er endgültig in unseren Lehrer und Wegweiser
einziehe,
damit er Deine Pläne verwirklichen kann,
Dein Reich und Deine Gerechtigkeit auf Erden
und das Goldene Zeitalter unter den Menschen
zu errichten!
Lass auch uns an diesem grandiosen Werk
voll und ganz teilhaben,
Dich als Liebe, als Schönheit, als Herrlichkeit
der ganzen Welt bekannt zu machen.

Amen. So sei es!

Omraam Mikhaël Aïvanhov leitet im Bruderschaftszentrum »Le Bonfin« die Gymnastik an.

Kapitel 18

Die Gymnastikübungen

Auszüge aus dem Vortrag vom 19. Juli 1979

Auf wie viele Methoden habe ich euch bisher in meinen Vorträgen hingewiesen! Für jede Lebenslage habe ich euch Übungen und Bewegungen vorgegeben, Formeln, die ihr aussprechen könnt, um eure negativen Stimmungen umzuwandeln, euch zu beruhigen, die innere Harmonie wiederherzustellen und euch mit den himmlischen Wesen zu verbinden. Leider leben, denken und handeln die meisten Menschen, denen diese Methoden unbekannt sind, mechanisch und unbewusst. Deshalb bringt alles was sie tun keine nennenswerten Ergebnisse hervor. Ihre Worte und ihre Gesten sind mit keinem Gedanken, keinem Ziel verbunden und bleiben wirkungslos.

Um die Wahrheit des eben Gesagten zu bekräftigen, will ich nun die Gymnastikübungen, die wir allmorgendlich durchführen, neu beleuchten. Rein äußerlich betrachtet erscheinen sie unbedeutend, weil sie einfach auszuführen sind und nur wenige Minuten in Anspruch nehmen. Es sind keine Bewegungen, die man stundenlang macht, um die Muskeln zu entwickeln. Es gibt viel wichtigere Dinge zu entwickeln als die Muskeln, denn selbst körperliche Kraft hängt nicht ausschließlich von den Muskeln ab. Dies sind Feststellungen, die ihr an euch selbst erleben konntet.

Es gibt Tage, an denen ihr von morgens bis abends auf den Beinen seid, schwere Lasten hebt und herumtragt, und es ist euch unbegreiflich, woher euch all diese Kraft kommt. An anderen Tagen fühlt ihr euch schon durch die kleinste Bewegung erschöpft und schleppt euch so dahin. Wie erklärt sich das? Nun, die Energie, der elektrische Strom fehlt, der vom Gehirn zu den Muskeln fließen muss, und die Muskeln bleiben schlaff. Diese Energie kommt vom Nervensystem und man sollte also wissen, wie man es schützen und stärken kann.

Genau das tun wir jeden Morgen durch unsere Gymnastikübungen. Sie regen bestimmte Zentren im Nervensystem an, nähren, stärken und harmonisieren sie, und wir können eine fantastische Arbeit leisten.

In der Einweihungswissenschaft gibt es eine wichtige Regel. Gemäß dieser Regel muss jede unserer Tätigkeiten alle drei Welten berühren, die physische Welt, die Welt der Gefühle und die Welt der Gedanken. Ihr macht diese Übungen seit Jahren, und wenn ihr bisher noch keine nennenswerten Resultate erzielt habt, dann nur, weil ihr nicht in den drei Welten zu arbeiten wisst, um etwas Wirkungsvolles zu erschaffen, nicht nur für euch, sondern für die ganze Bruderschaft und die ganze Welt. Ich werde euch nochmals zeigen, wie sehr das Wort – ausgesprochen oder nicht – an Macht gewinnt, wenn es mit einer Geste, einem Gefühl, einem Gedanken, einer Absicht oder mit der Willenskraft verbunden ist.

Erste Übung

Ihr hebt beide Arme über den Kopf, führt sie dann am Körper entlang nach unten bis zu den Füßen, und sagt dabei:

»Möge aller Himmelssegen sich über mich und die ganze Bruderschaft ergießen, zum Ruhme unseres Himmlischen Vaters!« (6 x)*

Ihr erbittet den Segen des Himmels nicht nur für euch selbst, sondern auch für die Bruderschaft und helft ihr damit. Ist euer Tun nur auf euer eigenes Wohl ausgerichtet, bleibt es eng begrenzt und nichtig. Warum immer nur an sich selbst denken? Warum so sparsam und so geizig sein und nie ein paar segensreiche Worte für die anderen übrig haben? Man weiß nicht, wie man mit den göttlichen Kräften arbeiten kann und stößt sich darum immer wieder an denselben Schwierigkeiten. Wir sollten alle uns von Gott gegebenen Kräfte und Fähigkeiten mobilisieren: die Sprache, das Denken und die Gebärden, und sie für das Wohl der ganzen Welt einsetzen.

* Anmerkung des Herausgebers: Es gibt verschiedene Varianten dieser Formel. Wenn O. M. Aïvanhov sie spricht, so sagt er „Bruderschaft“. Auch manche Schüler von ihm machen es so. Dies wäre aber befremdlich für Menschen, die sich nicht eng mit der Universellen Weißen Bruderschaft verbunden fühlen, deshalb gibt es die Alternative „Menschheit“ (siehe Seite 236). Für alle anderen Formeln, die zu den insgesamt 8 Übungen gehören, gilt dasselbe: Der Wortlaut der Formeln ist nicht als feststehend zu betrachten. Jeder kann die Formeln an seine Bedürfnisse anpassen. Bei allen Formeln sind Varianten möglich. Manche Variationen kommen von unterschiedlichen Übersetzungen aus dem Französischen, von persönlichen Vorlieben und von Formulierungsvarianten durch Omraam Mikhaël Aïvanhov.

Zweite Übung

Lasst die Hände von den Füßen zum Kopf emporgleiten und sprecht:

»Mögen alle meine Zellen belebt, gereinigt und geheiligt werden, zum Ruhme unseres Himmlischen Vaters!« (6 x)

Dadurch erwachen eure Zellen und werden jünger.

Dritte Übung

Streckt abwechselnd einmal den rechten und dann den linken Arm nach vorn, so als ob ihr schwimmen wolltet und sprecht dabei:

»Möge ich im kosmischen Lichtmeer schwimmen, zum Ruhme unseres Himmlischen Vaters.« (6 x)

Jawohl, immer zum Ruhme Gottes, zu nichts anderem. Euer Wunsch wird oben notiert von jenen, die über euch wachen, und sie sagen: »Oh, das ist ein Diener des Himmels!«

Vierte Übung

Hebt beide Arme parallel bis in Schulterhöhe, macht zuerst nach der linken, dann nach der rechten Seite eine weit ausholende Bewegung, als würdet ihr mähen und sprecht dabei:

»Mögen alle schlechten Bindungen durchschnitten und durchtrennt sein, zum Ruhme unseres Himmlischen Vaters!« (6 x)

Die Menschen bedenken nie, dass unsichtbare Bande sie an die Hölle binden. Sie sehen es nicht. Sie essen, trinken, vergnügen sich und machen Geschäfte. Aber sie sind längst gebunden, gefesselt, in ganze Knäuel von Schnüren und Fäden verstrickt und glauben sie seien frei und halten sich für etwas Großartiges! Diese Fesseln müssen durchtrennt werden, man muss sich befreien – zum Ruhme Gottes, immer zum Ruhme Gottes.

Fünfte Übung

»Möge das vollkommene Gleichgewicht sich in mir niederlassen, zum Ruhme unseres Himmlischen Vaters!« (6 x)

Denkt ihr dabei an andere Dinge, so fallt ihr hin. Um das Gleichgewicht zu wahren, muss man seine ganze Aufmerksamkeit auf einen Punkt, auf einen Gedanken konzentrieren, sich durch nichts anderes ablenken lassen. Das Gleichgewichtszentrum befindet sich in den Ohren, dem Symbol der Weisheit. Man muss sehr vernünftig sein, um das Gleichgewicht aufrechtzuerhalten; wenn man nicht vernünftig lebt und Gesetze übertritt, verursacht man stets Entgleisungen.

Sechste Übung

Beugt ein Knie auf die Erde, führt beide Hände vors Gesicht, breitet dann die Arme seitlich aus und sprecht dabei:

»Möge alles Schlechte aus mir hinausgeworfen werden!« (6 x)

»Mögen alle Feinde der Universellen Weißen Bruderschaft entfernt, verjagt und vertrieben werden, zum Ruhme unseres Himmlischen Vaters!« (6 x)

Unsere Feinde sind nicht Männer und Frauen, sondern finstere Geister, die in diese eindringen, um sich zu manifestieren und die göttliche Arbeit zu zerstören. Man hat also das Recht, sie zu verjagen, ja, bei manchen hat man sogar das Recht zu sagen: »Sie seien zermalmt, erschlagen, vernichtet!« Warum sollte man dieses Recht nicht haben? Haben sie denn das Recht, dem Licht zu schaden?

Siebte Übung

Ihr werft die Arme nach vorne und beugt den Körper nach hinten mit den Worten:

»Mögen alle meine Organe und Zellen geschmeidig werden, zum Ruhme unseres Himmlischen Vaters!« (6 x)

Versucht, euch so weit wie möglich nach hinten zu beugen, ohne dabei zu fallen.

Abschließend die achte Übung

Ihr wiederholt nochmals:

»Möge aller Himmelssegen sich über mich und die ganze Menschheit ergießen, zum Ruhme unseres Himmlischen Vaters!« (3 x)

Mit diesen Übungen festigt ihr euren Willen. Dank eures Willens wird euch dann nichts mehr Widerstand bieten, ihr werdet jede Schwierigkeit bewältigen. Aber ohne Übungen wird es euch stets an Willen mangeln. Wissen kann man euch vermitteln, auch Empfindungen oder Reichtum, aber Willenskraft kann euch niemand geben, ihr müsst sie selbst in euch entwickeln. Darum verlangt man bei der Einweihungsschulung von einem Schüler als Erstes, seinen Willen durch Disziplin, durch Übungen zu schulen. Natürlich ist das nicht leicht, aber das Wirksamste. Denn mit dem Willen arbeitet ihr, bleibt ihr beharrlich und erhaltet letztlich alles, was ihr euch wünscht: Klugheit, Schönheit, Gesundheit, Macht. Ohne Willen jedoch könnt ihr, was immer ihr auch besitzt, nicht mehren und sogar verlieren, was ihr schon habt.

Beschreibung der Übungen

Allgemeine Bemerkungen

- Die Übungen werden langsam und mit natürlichen, fließenden Bewegungen durchgeführt.
- Alle Übungen haben dieselbe Ausgangsstellung. Man steht in aufrechter Haltung, die Füße geschlossen; die Arme hängen lose am Körper herab.
- Bei jeder Wiederholung der einzelnen Übungen spricht man in Gedanken die ihr zugehörige Formel. Siehe dazu auch die Anmerkung auf Seite 229.
- Es ist schwierig, die Übungen nur durch die nachfolgende Beschreibung zu erlernen. Wir empfehlen, die Übungen zusätzlich in einem Video z. B. unter https://youtu.be/Fna1zwsK_wk anzuschauen. Dort führt Omraam Mikhael Aivanhov die Gymnastik selbst vor. Dieses Video ist auch auf DVD erhältlich als Beilage bei dem Buch »Die Gymnastik-Übungen – Sinn, Ablauf und Entsprechung zu heiligen Symbolen« von Omraam Mikhaël Aïvanhov.

Übung 1

»Möge sich aller Himmelssegen über mich und die ganze Menschheit ergießen, zum Ruhme unseres Himmlischen Vaters!«

1. Die Arme langsam seitlich bis über den Kopf heben, die Handflächen nach oben gedreht, bis sich die Fingerspitzen berühren.

2. Kurz bevor sich die Hände berühren, den rechten Fuß zurückstellen. Dann die Hände seitlich des Gesichts herabgleiten lassen...

3. ...und weiter, an der linken Körperseite entlang.

4. Bei leicht gebeugten Knien und vorgebeugtem Oberkörper...

5. ...gleiten die Hände bis zum Fuß.

6.-7. Langsam aufrichten und die Hände wieder seitlich über den Kopf heben.

8. Kurz bevor sich die Hände berühren, den linken Fuß zurückstellen. Die Hände vor dem Gesicht (siehe Punkt 2) herabgleiten lassen...

9. dann an der rechten Körperseite entlang.

10. Mit leichter Kniebeuge und nach vorn geneigtem Oberkörper die Hände bis zum Boden gleiten lassen.

11. Langsam wieder aufrichten und die Hände seitlich hochheben...

12. Bevor sich die Fingerspitzen berühren, den rechten Fuß einen Schritt zurückstellen und von neuem die Hände am Gesicht und an der linken Körperseite entlang herabgleiten lassen.

13. Die Knie leicht beugen, den Oberkörper vorneigen und die Hände zum Boden gleiten lassen.

14. Wieder aufrichten und die Arme seitlich hochheben. Kurz bevor sich die Finger berühren, den rechten Fuß vorstellen und die Übung wiederholen:

- mit vorgestelltem linken Fuß
- mit vorgestelltem rechten Fuß.

15. Zuletzt befinden sich die Hände senkrecht über dem Kopf. Der linke Fuß wird neben den rechten gestellt, und die Arme gleiten wie vorher am Körper entlang nach unten in die Ausgangsposition.

Übung 2

»Mögen alle meine Zellen belebt, gereinigt und geheiligt werden, zum Ruhme unseres Himmlischen Vaters!«

1. Die Arme bis über den Kopf heben wie bei Übung 1.

2. Wenn sich die Hände berühren, wird der rechte Fuß zurückgestellt, die Handflächen nach vorne gedreht und die Arme leicht geöffnet.

3. Nun beugen wir uns mit ausgestreckten Armen hinunter und führen die Hände bis zum Knöchel des linken Fußes hinab.

4. Langsam wieder aufrichten, indem die Hände...

5. ...dem linken Bein entlang...

6. ...dann der linken Körperseite entlang nach oben gleiten.

7. ...In Brusthöhe werden die Handflächen nach oben geöffnet und gleiten seitlich des Gesichts in die Höhe...

8. ...die Fingerspitzen treffen über dem Scheitel zusammen.

9. Die Arme mit nach außen gedrehten Handflächen leicht öffnen und dabei den linken Fuß zurückstellen.

10. Vorbeugen bis die Hände in Höhe der rechten Fußknöchel sind.

11. Die Hände nach oben führen...

12. ...dem rechten Bein entlang...

13. ...und längs der rechten Körperseite bis in Brusthöhe. Die Handflächen nach oben öffnen, zu beiden Seiten des Gesichts hochführen.

14. Die Fingerspitzen treffen sich über dem Scheitel. Beim Öffnen der Handflächen wird der rechte Fuß zurückgestellt.

15. Vorbeugen, bis sich die Hände neben den linken Fußknöcheln befinden.

16. Die Hände hochführen...

17. ...dem linken Bein entlang,

18. und längs der linken Körperseite bis in Brusthöhe, wo sich die Handflächen nach oben drehen und dann zu beiden Seiten des Gesichts emporgleiten.

19. Über dem Scheitel berühren sich die Fingerspitzen. Sowie die Arme senkrecht über dem Kopf erhoben sind, wird die Übung wiederholt und

- der rechte Fuß vorgestellt
- der linke Fuß vorgestellt
- der rechte Fuß vorgestellt.

20. Nach dem sechsten Mal den linken Fuß neben den rechten stellen und die Arme seitlich senken.

Übung 3
»Möge ich im kosmischen Lichtmeer schwimmen, zum Ruhme unseres Himmlischen Vaters.«

1. Den rechten Arm bis in Schulterhöhe nach vorne heben, dann senken und in einer Kreisbewegung nach hinten hochführen bis in die Senkrechte.

2. Dann den linken Fuß zurückstellen und den Oberkörper mit gestrecktem Arm langsam zum rechten Fuß vorbeugen.

3. Wieder aufrichten.

4. Nun die Übung mit dem linken Arm wiederholen.

5. Wenn der linke Arm in der Senkrechten steht, den rechten Fuß zurückstellen.

6. Rumpfbeuge nach vorn, bis die Hand den linken Fuß erreicht.

7. Wieder aufrichten.

8. Den rechten Arm bis in Schulterhöhe anheben, in einer Kreisbewegung senken und rückwärts hochführen (siehe Punkt 1).

9. Ist der Arm in der Senkrechten, den linken Fuß einen Schritt zurückstellen (siehe Punkt 2).

10. Den Oberkörper nach vorne neigen, bis die Hand den rechten Fuß erreicht.

11. Aufrichten und die Übung fortsetzen mit:

- Bewegen des linken Armes und Vorsetzen des linken Fußes.
- Bewegen des rechten Armes und Vorsetzen des rechten Fußes.
- Bewegen des linken Armes und Vorsetzen des linken Fußes.

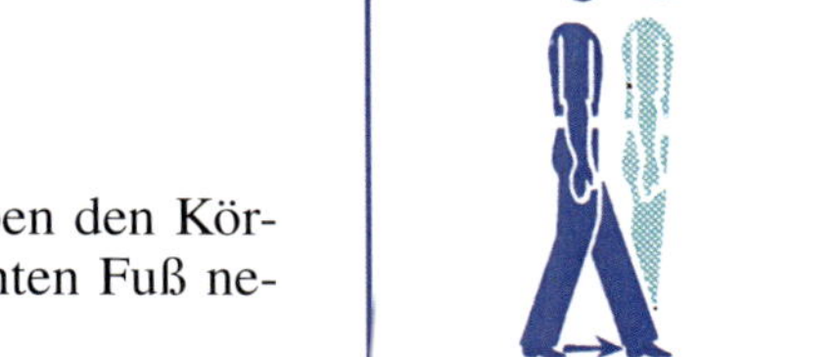

12. Zum Schluss Arme neben den Körper senken und den rechten Fuß neben den linken stellen.

Übung 4

»Mögen alle schlechten Bindungen durchschnitten und durchtrennt sein, zum Ruhme unseres Himmlischen Vaters!«

1. Beide Arme waagerecht nach vorne heben, mit nach unten gedrehten Handflächen.

2. Beide Arme in Brusthöhe nach rechts führen.

3. Die Arme nur kurz etwas neigen und anheben und gleichzeitig den rechten Fuß zurücksetzen.

4. Dann die Arme dicht über dem Boden mit einer energischen Bewegung nach links schwingen, als ob wir etwas durchtrennen wollten...

5. ...anschließend wieder aufrichten.

6. Nun beide Arme in Brusthöhe nach links führen...

7. ...leicht senken und anheben und dabei das linke Bein zurücksetzen (vgl. Punkt 2).

8. Die Arme dicht über dem Boden nach rechts schwingen.

9. Wieder aufrichten.

10. Wie bei Punkt 2 beide Arme nach rechts führen...

11. ...leicht senken und heben und dabei das rechte Bein zurücksetzen.

12. Arme dicht über dem Boden nach links schwingen...

13. ...wieder aufrichten.

14. Arme parallel nach links führen, leicht anheben und rechten Fuß einen Schritt nach vorne setzen.

- Arme nach rechts führen, leicht anheben und linken Fuß nach vorne setzen.
- Arme nach links führen, leicht anheben und rechten Fuß nach vorne setzen.

15. Abschließend den linken Fuß neben den rechten stellen, gleichzeitig beide Arme, mit den Handflächen nach unten, zunächst parallel nach vorne...

16. ...dann gleichzeitig waagerecht nach jeder Seite führen und langsam senken.

Übung 5

»Möge das vollkommene Gleichgewicht sich in mir niederlassen, zum Ruhme unseres Himmlischen Vaters!«

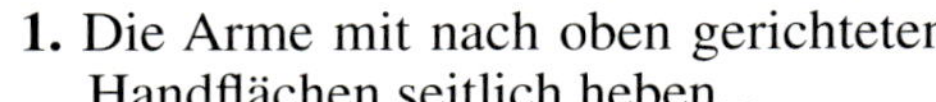

1. Die Arme mit nach oben gerichteten Handflächen seitlich heben...

2. ...mit geschlossenen Fingerspitzen den Schlüsselbeinansatz an den Schultern berühren und die Hände während der ganzen Übung dort liegen lassen.

3. Den rechten Fuß an die linke Kniekehle führen.

4. Dann das Bein seitlich ausschwingen.

5. Ein zweites Mal den rechten Fuß an die Kniekehle führen...

6. ...wieder zur Seite schwingen.

7. Ein drittes Mal den rechten Fuß an die linke Kniekehle führen.

8. Das rechte Bein zurückstellen, dabei mit der Fußspitze zuerst den Boden berühren.

9. Eine tiefe Kniebeuge mit geradem Oberkörper machen (Das Knie berührt den Boden)...

10. ... und wieder aufrichten.

11. Nun den linken Fuß an die rechte Kniekehle legen.

12. Linkes Bein seitlich ausschwingen.

13. Ein zweites Mal linken Fuß an die rechte Kniekehle, ausschwingen.

Ein drittes Mal linken Fuß an die Kniekehle und ohne auszuschwingen...

14. ...das linke Bein zurückstellen.

15. Eine tiefe Kniebeuge machen und wieder aufrichten.

16. Wie bei Punkt 3 wieder den rechten Fuß an die linke Kniekehle legen.

17. Bein seitlich ausschwingen.

18. Ein zweites Mal rechten Fuß an Kniekehle usw.

19. Ein drittes Mal rechten Fuß an Kniekehle und (ohne auszuschwingen) den rechten Fuß zurückstellen.

20. Tiefe Kniebeuge machen.

21. Wieder aufrichten.

22. Nun das rechte Bein über das linke Knie legen, so dass der rechte Fuß vor dem linken Knie liegt.

23. Das rechte Bein in einem Bogen nach rechts bis zur Seite schwingen...

24. ...und (auf demselben Weg zurück) den rechten Fuß ein zweites Mal vor das linke Knie hochführen.

25.-26. Das rechte Bein wieder im Halbkreis zur Seite schwingen, immer ohne den Boden zu berühren...

27. ...und ein drittes Mal den rechten Fuß vor das linke Knie legen. Nicht mehr ausschwingen.

28. Den rechten Fuß vorne auf den Boden stellen (Die Ferse berührt den Boden zuerst) und eine tiefe Kniebeuge machen. (Das Knie berührt den Boden.)

29. Langsam wieder aufrichten und Punkt 21-28 mit rechtem Standbein wiederholen, und noch einmal mit dem linken Bein als Standbein.

30. Langsam wieder aufrichten, Beine nebeneinander stellen, die Arme heben und langsam, mit den Handflächen nach außen, seitlich senken.

Übung 6
1. Teil der Übung:
Möge alles Schlechte aus mir hinausgeworfen werden!«

1. Die Arme mit nach oben gerichteten Handflächen seitlich bis über den Kopf heben.

Seitenansicht

2. Die Handflächen stehen sich gegenüber.

3. Das linke Bein einen Schritt nach vorn stellen. Dabei werden die Arme nach vorne in die Horizontale gesenkt...

4. ...und eine Kniebeuge gemacht, sodass das rechte Knie den Boden berührt.

5. Die Hände werden vor die Stirn geführt...

Vorderansicht

6. und gleiten halbseitlich am Gesicht entlang und nebeneinander am Oberkörper entlang bis hinab zum Solarplexus.

7. Die Hände wieder hochführen und in Brusthöhe zur Faust schließen.

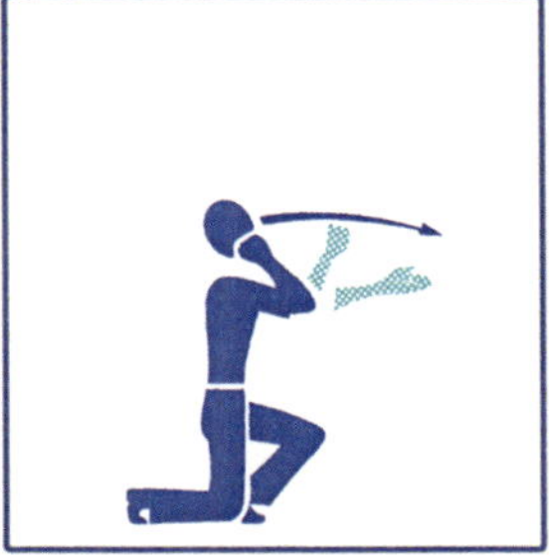

Vorderansicht

8. Die Arme werden energisch nach vorne geschleudert und die Luft kräftig durch den Mund ausgeblasen, wobei die Hände geöffnet werden. Die Handflächen zeigen zueinander, der Daumen zeigt nach oben. Die Übung von 5-8 noch 5 Mal wiederholen.

9. Nach dem sechsten Mal sind die Arme gestreckt, das rechte Knie bleibt noch immer auf den Boden gestützt.

2. Teil der Übung:

»Mögen alle Feinde der Universellen Weißen Bruderschaft entfernt, verjagt und vertrieben werden, zum Ruhme unseres Himmlischen Vaters!«

10. Die Hände werden, mit den Handflächen zum Gesicht, vor das Gesicht geführt. Gleichzeitig atmet man ein.

Ansicht von oben

11. Die Handflächen nach außen drehen...

12. ...Arme zur Seite ausbreiten und dabei die Luft langsam ausblasen.

13. Die Hände wieder mit nach innen gedrehten Handflächen vor den Mund führen. Punkt 11-13 noch 4 Mal wiederholen und anschließend Punkt 11 bis 12 noch 1 Mal wiederholen.

Vorderansicht

14. Mit seitlich ausgestreckten Armen aufstehen, die Handflächen sind dem Boden zugewandt.

15. Zum Schluss den rechten Fuß neben den linken holen und die Arme langsam seitlich senken.

Übung 7

»Mögen alle meine Organe und Zellen geschmeidig werden, zum Ruhme unseres Himmlischen Vaters!«

1. Das linke Bein etwas nach vorne stellen.

2. Mit dem rechten Bein einen großen Schritt nach hinten machen und dabei die Arme hochheben.

3. Das linke Bein beugen, die Arme in Verlängerung des Körpers schwungvoll nach oben strecken und sich wieder aufrichten.

4. Dabei die Arme senken, das rechte Bein etwas näher heranholen und das Körpergewicht auf dieses Bein verlagern.

5. Das rechte Knie leicht beugen, den Körper so weit wie möglich zurückneigen und die Arme locker nach hinten hängen lassen.

6. Wieder aufrichten.

7. Punkt 2 bis 6 noch 5 Mal wiederholen.

8. Am Schluss der Übung den rechten Fuß neben den linken stellen; die Arme hängen lose herab.

Übung 8

»Möge aller Himmelssegen sich über mich und die ganze Menschheit ergießen, zum Ruhme unseres Himmlischen Vaters!«

1. Die Arme seitlich bis über den Kopf heben, Handflächen nach oben, bis die Fingerspitzen sich berühren.

2. Dann die Hände langsam am Gesicht...

3. ...und am Oberkörper entlang nach unten gleiten lassen.

4. Mit fließenden Übergängen die Punkte 1-3 noch 2 Mal wiederholen. Am Schluss hängen die Arme wieder seitlich herab.

Vom selben Autor

Reihe Gesamtwerke

1 Das geistige Erwachen
2 Spirituelle Alchimie
3 Die beiden Bäume im Paradies
4 Das Senfkorn – Symbole im Neuen Testament
5 Die Kräfte des Lebens
6 Die Harmonie
7 Die Reinheit, Grundlage geistiger Kraft – Die Mysterien von Jesod
8 Sprache der Symbole, Sprache der Natur
9 »Im Anfang war das Wort«
10 Sonnen-Yoga (Surya-Yoga) – Die Herrlichkeit von Tiphereth
11 Der Schlüssel zur Lösung der Lebensprobleme
12 Die Gesetze der kosmischen Moral
13 Die neue Erde
14/15 Liebe und Sexualität (Doppelband)
16 Alchimie und Magie der Ernährung – Hrani-Yoga
17/18 Erkenne Dich selbst – Jnani Yoga (Doppelband)
19-22 Wird nicht ins Deutsche übersetzt
23/24 Eine neue Religion (Doppelband)
25/26 Der Wassermann und das Goldene Zeitalter (Doppelband)
27 Die Pädagogik in der Einweihungslehre – Teil 1
28/29 Die Pädagogik in der Einweihungslehre Teil 2 und 3 (Doppelband)
30/31 Leben und Arbeit in einer Einweihungsschule (Doppelband)
32 Die Früchte des Lebensbaums

Vom selben Autor

Reihe Broschüren

301 Das neue Jahr
302 Die Meditation
303 Die Atmung
304 Der Tod und das Leben im Jenseits
305 Das Gebet
306 Musik und Gesang im spirituellen Leben
307 Das hohe Ideal
308 Das Osterfest – Die Auferstehung und das Leben
309 Die Aura
310 In die Stille gehen
311 Wie Gedanken sich in der Materie verwirklichen
312 Die Reinkarnation
313 Das Vaterunser
314 Das Gesetz der Gerechtigkeit und das Gesetz der Liebe
315 Die Quelle des Lebens
316 Die Nahrung, ein Liebesbrief des Schöpfers
317 Die Kunst und das Leben
318 Die wesentliche Aufgabe der Mutter während der Schwangerschaft
319 Die Seele, Instrument des Geistes
320 Menschliches und göttliches Wort
321 Weihnachten und das Mysterium der Geburt Christi
322 Die spirituellen Grundlagen der Medizin
323 Meditationen beim Sonnenaufgang
324 Der Friede, ein höherer Bewusstseinszustand
325 Das Ideal des brüderlichen Lebens
326 Die ganze Schöpfung wohnt in uns
327 Der Preis der Freiheit

Vom selben Autor

Taschenbuch-Reihe Izvor

200 – Hommage an Meister Peter Deunov

201 – Auf dem Weg zur Sonnenkultur

Die Sonne, Begründerin der Kultur / Surya-Yoga / Die Suche nach dem Zentrum / Die nährende Sonne / Der Solarplexus / Der Mensch, Abbild der Sonne / Die Geister der sieben Lichter / Die Sonne als Vorbild / Die wahre Sonnenreligion.

202 – Der Mensch erobert sein Schicksal

Das Gesetz von Ursache und Wirkung / »Du sollst das Feine vom Dichten sondern« / Entwicklung und Schöpfung / Menschliche und göttliche Gerechtigkeit / Das Gesetz der Entsprechungen / Die Gesetze der Natur und die Gesetze der Moral / Das Gesetz der Einprägung / Die Reinkarnation.

203 – Die Erziehung beginnt vor der Geburt

Zuerst müssen die Eltern erzogen werden / Die Erziehung beginnt vor der Geburt / Ein Entwurf für die Zukunft der Menschheit / Kümmert euch um eure Kinder / Eine neues Verständnis der mütterlichen Liebe / Das magische Wort / Ein Kind braucht immer eine Beschäftigung [...]

204 – Yoga der Ernährung

Die Ernährung betrifft das ganze Wesen / Hrani-Yoga / Die Nahrung, ein Liebesbrief des Schöpfers / Die Auswahl der Nahrung / Der Vegetarismus / Die Ernährung und ihre Moral / Das Fasten / Vom Abendmahl / Der Sinn der Segnung / Die Arbeit des Geistes an der Materie / Das Gesetz vom Austausch.

205 – Die Sexualkraft oder geflügelte Drache

Der geflügelte Drache / Liebe und Sexualität / Die Sexualkraft, Voraussetzung für das Leben auf Erden / Vom Vergnügen / Die Gefahren des Tantrismus / Lieben ohne Gegenliebe zu erwarten / Die Liebe ist im ganzen Universum verbreitet / Die geistige Liebe, eine Nahrung auf höherer Ebene / Das hohe Ideal – Transformator der Sexualkraft / Öffnet der Liebe einen Weg nach oben.

206 – Eine universelle Philosophie

Einige Erklärungen zum Begriff »Sekte« / Keine Kirche ist ewig / Hinter den Formen den Geist suchen / Die Kirche des heiligen Johannes und ihre Ankunft / Die Grundlagen einer universellen Religion / Die Große Universelle Weiße Bruderschaft / Wie man den Begriff »Familie« erweitert / [...]

207 – Was ist ein geistiger Meister?

Wie man einen wirklichen geistigen Meister erkennt / Von der Notwendigkeit eines geistigen Führers / Spielt nicht den Zauberlehrling! / Spiritualität nicht mit Exotik verwechseln / Vom Ausgleich zwischen geistiger und materieller Welt / Der Meister, ein Spiegel der Wahrheit / [...]

208 – Das Egregore der Taube. Innerer Friede und Weltfriede

Ein besseres Verständnis des Friedens / Die Vorteile der Völkervereinigung / Aristokratie und Demokratie / Kopf und Magen / Vom Geld / Über die Verteilung des Reichtums / Kommunismus und Kapitalismus, zwei sich ergänzende Philosophien / Eine neue Auffassung der Wirtschaft / [...]

209 – Weihnachten und Ostern in der Einweihungslehre

Das Weihnachtsfest / Die zweite Geburt / Die Geburt auf den verschiedenen Ebenen / »Wenn ihr nicht sterbt, so werdet ihr nicht leben!« / Die Auferstehung und das Jüngste Gericht / Der Auferstehungsleib.

210 – Die Antwort auf das Böse

Die beiden Bäume im Paradies / Das Gute und das Böse – Zwei Kräfte, die das Rad des Lebens drehen / Jenseits von Gut und Böse / Das Gleichnis vom Unkraut und vom Weizen / Die Philosophie der Einheit / Die drei großen Versuchungen / Die Frage der Unerwünschten / Über den Selbstmord / [...]

211 – Die Freiheit, Sieg des Geistes

Die psychische Struktur des Menschen / Die Beziehungen zwischen Geist und Körper / Schicksal und Freiheit / Der befreiende Tod / Die Freiheit des Menschen liegt in der Freiheit Gottes / Die wahre Freiheit / Sich begrenzen, um sich zu befreien / Anarchie und Freiheit / [...]

212 – Das Licht, lebendiger Geist

Das Licht, Essenz der Schöpfung / Die Sonnenstrahlen: ihre Natur und ihre Aktivität / Das Gold, kondensiertes Sonnenlicht / Das Licht macht es möglich zu sehen und gesehen zu werden / Die Arbeit mit dem Licht / Das Prisma, Bild des Menschen / Die Reinheit öffnet dem Licht die Türen / [...]

213 – Die menschliche und göttliche Natur in uns

Menschlich... oder tierisch? / Die niedere Natur, eine umgekehrte Spiegelung der höheren Natur / Auf der Suche nach unserer wahren Identität / Über die Möglichkeit, den Begrenzungen der niederen Natur zu entgehen / Die Sonne, Symbol der göttlichen Natur / Die niedere Natur beherrschen und als Energiequelle benutzen / Der höheren Natur mehr Äußerungsmöglichkeit geben: sich bessern / Die Stimme der göttlichen Natur / [...]

214 – Liebe, Zeugung und Schwangerschaft

Die geistige Galvanoplastik / Mann und Frau – Abbild des männlichen und weiblichen Prinzips / Die Ehe / Lieben ohne Besitzanspruch / Wie man der Liebe eine edlere Ausdrucksform gibt / Nur die geistige Liebe schützt die menschliche Liebe / Der Liebesakt aus der Sicht der Einweihungslehre / Die Sexualkraft, Bestandteil der Sonnenenergie / [...]

215 – Die wahre Lehre Christi

»Vater unser, der Du bist im Himmel« / »Ich und der Vater sind eins« / »Seid vollkommen, wie euer Vater im Himmel vollkommen ist« / »Suchet zunächst das Reich Gottes und seine Gerechtigkeit« / »Wie im Himmel so auf Erden« / »Wer mein Fleisch isst und mein Blut trinkt, hat das ewige Leben« / »Vater vergib ihnen, denn sie wissen nicht, was sie tun« / »Wenn dich jemand auf deine rechte Backe schlägt…« / »Wachet und betet«.

216 – Geheimnisse aus dem Buch der Natur

Das Buch der Natur / Tag und Nacht / Quelle und Sumpf / Die Vermählung, ein universelles Symbol / Die Arbeit mit den Gedanken zur Gewinnung der Quintessenz / Die Macht des Feuers / Die entschleierte Wahrheit / Der Hausbau / Rot und Weiß / Der Strom des Lebens / Das neue Jerusalem / Lesen und Schreiben.

217 – Ein neues Licht auf das Evangelium

»Man füllt nicht jungen Wein in alte Schläuche« / »Wenn ihr nicht werdet wie die Kinder« / Der ungerechte Verwalter / »Sammelt euch Schätze« / »Gehet ein durch die enge Pforte« / »Wer auf dem Dach ist...« / Der Sturm, der sich gelegt hat / »Die Ersten werden die Letzten sein« / [...]

218 – Die geometrischen Figuren und ihre Sprache

Die Symbolik der Geometrie / Der Kreis / Das Dreieck / Das Pentagramm / Die Pyramide / Das Kreuz / Die Quadratur des Kreises.

219 – Geheimnis Mensch

Die menschliche Evolution und die Entwicklung der spirituellen Organe / Die Aura / Das Sonnengeflecht / Das Harazentrum / Die Kundalinikraft / Die Chakras.

220 – Der Tierkreis, Schlüssel zu Mensch und Kosmos

Der vom Tierkreis abgegrenzte Raum / Die Entwicklung des Menschen und der Tierkreis / Der planetarische Zyklus der Stunden und Wochentage / Das Kreuz des Schicksals / Die Achsen Widder-Waage und Stier-Skorpion / Die Achse Jungfrau-Fische / Die Achse Löwe-Wassermann / [...]

221 – Alchimistische Arbeit und Vollkommenheit

Die geistige Alchimie / Der menschliche Baum / Charakter und Temperament / Das Erbe aus dem Tierreich / Die Angst / Die Klischees / Die Veredelung / Die Verwendung der Energien / Das Opfer, Umwandlung der Materie / Eitelkeit und göttlicher Ruhm / Hochmut und Demut / [...]

222 – Die Psyche des Menschen

»Erkenne dich selbst« / Eine synoptische Tafel / Von Seelen und Körpern / Herz, Intellekt, Seele und Geist / Die Schulung des Willens / Körper, Seele und Geist / Äußeres und inneres Erkennen / Vom Intellekt zur Intelligenz / Die wahre Erleuchtung / Der Kausalkörper / Das Bewusstsein / Das Unterbewusstsein / Das höhere Ich.

223 – Geistiges und künstlerisches Schaffen

Kunst, Wissenschaft und Religion / Die göttlichen Quellen der Inspiration / Die Aufgabe der Phantasie / Dichtung und Prosa / Die Stimme / Chorgesang / Die beste Weise, Musik zu hören / Magie der Gestik / Die Schönheit / Idealisieren als Mittel zum Erschaffen / Das lebendige Meisterwerk / Der Aufbau des Tempels / Nachwort.

224 – Die Kraft der Gedanken

Von der Wirklichkeit der spirituellen Arbeit / Wie man sich die Zukunft vorstellen soll / Die psychische Verschmutzung / Leben und Kreisen der Gedanken / Wie die Gedanken sich in der Materie verwirklichen / Nach dem Gleichgewicht von materiellen und spirituellen Mittel suchen / Die Kraft des Geistes / Einige Gesetze, die bei der geistigen Arbeit zu beachten sind / [...]

225 – Harmonie und Gesundheit

Das Wesentliche ist das Leben / Die Welt der Harmonie / Harmonie und Gesundheit / Die spirituellen Grundlagen der Medizin / Atmung und Ernährung / Die Atmung / Die Ernährung auf den verschiedenen Ebenen / Wie man Müdigkeit vermeidet / Die Pflege der Zufriedenheit.

226 – Das Buch der göttlichen Magie

Die Wiederkehr magischer Praktiken und ihre Gefahr / Der magische Kreis: die Aura / Der magische Stab / Das magische Wort / Die Talismane / Über die Zahl 13 / Der Mond, Gestirn der Magie / Die Zusammenarbeit mit den Naturgeistern / Blumen und Düfte / Wir alle üben Magie aus / Die drei magischen Hauptgesetze / Die Hand / Der Blick / Die magische Kraft des Vertrauens / Die wirkliche Magie ist die Liebe / Ihr solltet niemals versuchen, Rache zu üben / Exorzismus und Weihe von Gegenständen / Schützt eure Wohnstätte.

227 – Goldene Regeln für den Alltag

Das kostbarste Gut: das Leben / Bringt materielles und geistiges Leben in Übereinstimmung / Widmet euer Leben einem erhabenen Ideal / Der Alltag, Materie, die der Geist umwandeln soll / Das Essen als Yogaübung betrachten / Die Atmung / Wie man wieder zu Kräften kommt / Liebe macht unermüdlich / Der technische Fortschritt schenkt dem Menschen mehr Zeit für die spirituelle Arbeit / Gestaltet euer inneres Zuhause / Die Außenwelt ist ein Spiegelbild eurer Innenwelt / Eure Zukunft wird so sein, wie ihr eure Gegenwart lebt / Kostet die Fülle der Gegenwart / die Bedeutsamkeit des Anfangs / Sucht das Licht, bevor ihr handelt / Achtet immer auf die erste Bewegung / Werdet euch eurer Denkgewohnheiten bewusst / Aufmerksamkeit und Wachsamkeit / Das Leben spirituell ausrichten / Legt mehr Wert auf die Praxis als auf die Theorie / Nicht auf das Talent, sondern auf moralische Qualitäten kommt es an / Seid zufrieden mit eurem Schicksal und unzufrieden mit euch selbst / usw.

228 – Einblick in die unsichtbare Welt

Das Sichtbare und das Unsichtbare / Das begrenzte Wahrnehmungsvermögen des Intellekts und das unbegrenzte Wahrnehmungsvermögen der Intuition / Der Zugang zur unsichtbaren Welt: von Jesod nach Tiphereth / Die Hellsichtigkeit: Aktivität und Rezeptivität / Sollte man sich von Hellsehern beraten lassen? / Liebt, und eure Augen werden sich auftun / Die Botschaften des Himmels / Sichtbares und unsichtbares Licht / Die höchsten Entwicklungsstufen der Hellsichtigkeit / Das spirituelle Auge / Gottesvision / Der wahre Zauberspiegel: die universelle Seele / Traum und Wirklichkeit / Der Schlaf, Spiegelbild des Todes / Wie man sich im Schlaf schützen kann / Die Reisen der Seele im Schlaf / Physische und psychische Zuflucht / Die Quelle der Inspiration / Die Apperzeption sollte höher geschätzt werden als die Vision.

229 – Wege der Stille

Lärm und Stille / Die Verwirklichung der inneren Stille / Lasst eure Sorgen vor der Tür / Eine Übung: in Stille essen / Die Stille, ein Energiespeicher / Die Bewohner der Stille / Harmonie als Voraussetzung der inneren Stille / Die Stille, Voraussetzung für das Denken / Suche nach Stille, Suche nach dem Zentrum / Menschliches und Göttliches Wort / Das Wort eines Meisters in der Stille / Stimme der Stille, Stimme Gottes / Die Offenbarungen des Sternenhimmels / »Das stille Kämmerlein«.

230 – Die Himmlische Stadt

Besuch auf Patmos / Einführung in die Offenbarung / Melchisedek und die Lehre von den beiden Prinzipien / Briefe an die Gemeinden von Ephesus und Smyrna / Brief an die Gemeinde von Pergamon / Brief an die Gemeinde von

Laodizäa / Die Vierundzwanzig Ältesten und die vier Heiligen Tiere / Das Buch und das Lamm / Die 144.000 Diener Gottes / Die Frau und der Drache / Erzengel Michael streckt den Drachen nieder / Der Drache speit Wasser auf die Frau / Das Tier, das aus dem Meer emporsteigt und das Tier, das aus der Erde emporsteigt / Das Hochzeitsfest des Lammes / Der für tausend Jahre gefesselte Drache / Der Neue Himmel und die Neue Erde / Die Himmlische Stadt

231 – Saaten des Glücks

Das Glück ist eine Gabe, die gepflegt werden muss / Vergnügen ist noch kein Glück / Nur die richtige Arbeit macht glücklich / Die Philosophie der Anstrengung / Licht ist das, was glücklich macht / Der Sinn des Lebens / Frieden und Glück / Seid »lebendig«, um glücklich zu sein / Erhebt euch über die Lebensbedingungen! / Entwickelt eure Sensibilität für die göttlich Welt / Das Land Kanaan / Der Geist steht über den Gesetzen des Schicksals / Sucht das Glück in höheren Regionen! / Die Suche nach Glück ist die Suche nach Gott / Für Selbstsüchtige gibt es kein Glück / Gebt, ohne etwas dafür zu erwarten! / Liebt, ohne Gegenliebe zu verlangen! / Von der Nützlichkeit der Feinde / Der Garten von Seele und Geist / Die Vereinigung auf höherer Ebene / Wir sind die Schöpfer unserer Zukunft.

232 – Feuer und Wasser, Wunderkräfte der Schöpfung

Wasser und Feuer, Grundprinzipien der Schöpfung / Das Geheimnis der Verbrennung / Die Entdeckung des Wassers / Wasser und Zivilisation / Eine lebendige Kette: Sonne-Erde-Wasser / Die Arbeit des Schmiedes / Das Gebirge, Mutter des Wassers / Vom physischen Wasser zum spirituellen Wasser / Nährt eure Flamme / Das Feuer ist das Mittel der Verwirklichung / Der Kreislauf des Wassers: Die Reinkarnation / Der Zyklus der Wassers: Liebe und Weisheit / Die Flamme der Kerze / Wie man das Feuer anzündet und erhält / Das Wasser, Medium universalis / Der Zauberspiegel / Der Baum des Lichtes / Das Herabsteigen des Heiligen Geistes / Bilder als Begleiter auf unserem Lebensweg.

233 – Eine Zukunft für die Jugend

Die Jugend ist wie die Erde im Entwicklungsprozess / Die Grundlage unserer Existenz ist der Glaube an einen Schöpfer / Der Sinn für das Heilige / Die Stimme der höheren Natur / Den richtigen Weg einschlagen / Studieren genügt nicht, um dem Leben einen Sinn zu geben / Der Charakter ist wichtiger als das Wissen / Erfolg wie Misserfolg meistern / Erkennt, wonach Seele und Geist streben! / Die göttliche Welt ist unsere innere Welt / [...]

234 – Die Wahrheit, Frucht der Weisheit und der Liebe
Die Suche nach der Wahrheit / Die Wahrheit, Kind der Weisheit und der Liebe / Weisheit und Liebe oder Licht und Wärme / Die Liebe des Schülers, die Weisheit des Meisters / Der Kern der Wahrheit / »Ich bin der Weg, die Wahrheit und das Leben« / Der blaue Strahl der Wahrheit / Die wirklich wahre Wahrheit / Bleibt der Wahrheit treu / Über Geschmack lässt sich nicht streiten / Objektive und subjektive Welt / [...]

235 – Im Geist und in der Wahrheit
Das Gerüst des Universums / Das Göttliche Amt für Gewichte und Maße / Die Verbindung mit dem Zentrum / Die Eroberung des Gipfels / Von der Vielfalt zur Einheit , Teil 1 und Teil 2 / Die Errichtung des Gebäudes / Die Kontemplation der Wahrheit: Die entschleierte Isis, Teil 1 und Teil 2 / Das Lichtkleid / Die Haut, Organ der Erkenntnis / [...]

236 – Weisheit aus der Kabbala –
Der lebendige Strom zwischen Gott und Mensch
Vom Menschen zu Gott: Der Hierarchiebegriff / Darstellung des Lebensbaumes / Die Engelshierarchien / Die Namen Gottes / Die Sephiroth der mittleren Säule / Ain Soph Aur: Licht ohne Ende / Die Materie des Universums: das Licht / »Als der Ewige den Kreis zog über den Fluten der Tiefe...« [...]

237 – Das kosmische Gleichgewicht – Die Zahl 2
Die kosmische Waage – Die Zahl 2 / Das Pendeln der Waage / Die 1 und die 0 / Der jeweilige Platz des Männlichen und des Weiblichen / Gott steht über dem Guten und dem Bösen / Der weiße und der schwarze Kopf / Zyklische Schwankungen und Gegenpole: Das Gesetz der Gegensätze / »Um die Wunder einer einzigen Sache zu verbringen« – Die Symbole der 8 und des Kreuzes / [...]

238 – Der Glaube versetzt Berge
Glaube, Hoffnung und Liebe / Das Senfkorn / Wahrer Glaube und persönliche Überzeugung / Wissenschaft und Religion / Der Glaube geht immer dem Wissen voran / Die Wiederentdeckung des verborgenen Wissens / Die Religion ist nur eine Form des Glaubens / Unsere göttliche Abstammung / Der Beweis für die Existenz Gottes ist in uns / Die Identifikation mit Gott / Gott ist das Leben / Gott in der Schöpfung [...]

239 – Die Liebe ist größer als der Glaube
Die Ungewissheiten des modernen Menschen / Der zerstörerische Zweifel: Einheit und Polarisation / Der heilsame Zweifel / »Dein Glaube hat dir geholfen« / »Dir geschehe nach deiner Einstellung« / Nur unser Tun bezeugt unseren Glauben / Bewahrt euren Glauben an das Gute / [...]

240 – Söhne und Töchter Gottes

»Ich bin gekommen, damit sie das Leben haben« / Das Blut, Träger der Seele / »Wer sein Leben retten will, wird es verlieren« / »Lass die Toten ihre Toten begraben« / »Gott hat die Welt so sehr geliebt, dass er seinen einzigen Sohn hingab« / Jesus, Hohepriester nach der Ordnung Melchisedeks / Der Mensch Jesus und das kosmische Prinzip des Christus / Weihnachten und Ostern: Zwei Seiten aus dem Buch der Natur / [...]

241 – Der Stein der Weisen

Über die Deutung der Schriften / »Was zum Mund hineingeht, das macht den Menschen nicht unrein...« / »Ihr seid das Salz der Erde«, Teil 1 und Teil 2 / »Wenn das Salz seinen Geschmack verliert…« / Den Geschmack des Salzes kosten: die göttliche Liebe / »Ihr seid das Licht der Welt« / Das Salz der Alchimisten / »Und wie alle Dinge aus dem Einen entstammen…« / [...]

242 – Unerschöpfliche Quellen der Freude

Gott, Ursprung und Ziel unserer Reise / Sich auf den Weg machen / Das Leiden als Antrieb / Gottes Antworten in sich selbst suchen / In der Schule des Lebens: Die Lektionen der Kosmischen Intelligenz / »Wie ein Fisch im Wasser« / Gegenüber himmlischen Wesenheiten eingegangene Verpflichtungen / Ohne Angst voranschreiten / Einzig das Licht des Geistes darf uns führen / Unsere Zugehörigkeit zum Lebensbaum / [...]

243 – Das Lächeln des Weisen

Der Weise lebt in der Hoffnung / Wie ein Hirte über seine Schafe wacht / Die Grenzen unserer Seele schützen / Die Erwartung, die uns wach hält / »Wenn die Auge rein ist, wird dein ganzer Körper im Licht sein« / Der Ernst, die Tränen, das Lachen, das Feiern / Die Lampe des Weisen ist voller Heiterkeit / Die Sprache des Eisens und die Sprache des Goldes / Sieg über das Leiden: Das Lächeln Gottes / Jedes Opfer prägt uns den Stempel der Sonne auf [...]

244 – Dem Licht entgegen

Um nicht mehr sagen zu müssen: wenn ich gewusst hätte…! / »Lass deine linke Hand nicht wissen, was deine rechte tut.« / Programm für den Tag und Programm für die Ewigkeit / »Seid nicht besorgt um den morgigen Tag« / Allein die Gegenwart gehört uns / Bevor die Sonne untergeht / Der Übergang ins Jenseits / Das Leben ohne Grenzen / Die Bedeutung der Bestattungsrituale / Unsere Beziehungen zu den Familiengeistern / Was ist der Wille Gottes? / Im Dienste des göttlichen Prinzips / Zum Altar des Herrn aufsteigen / Schreitet beständig voran / An der Schwelle eines neuen Jahres.

Verlage und Auslieferungen

Hauptverlag:
Editions Prosveta S.A. – 1277, Av. Jean Lachenaud – 83600 Fréjus
Tel. 04 94 19 33 33, contact@prosveta.fr, www.prosveta.fr

Verlage und Auslieferungen international:

AUSTRALIEN

PROSVETA AUSTRALIA
108 Grand Ocean Boulevard
Port Kennedy WA 6172
Tel. (61) 8 9594 1145
prosveta.au@aapt.net.au

BELGIEN UND LUXEMBURG

PROSVETA BENELUX
Chaussée de Merchtem 123
1780 Wemmel
Tel. (32) 2 460 108 53
prosveta@skynet.be,
www.prosveta.be

BENIN

ETS Evera-Librairie
Abomey-Calavi
Tel. +229 977 759 50, etsevera@gmail.com

BOLIVIEN

VIRGINIA BELTRÁN
Reemanso 2 Núrnero
9080 Santa Cruz – Bolivia
mavibel@gmail.com

CHILE

AGRUPACIÓN VEHADI
Paula González Morel
Tel. +56 982 948 670 / 998 901 258
vehadi.chile@gmail.com

DEUTSCHLAND

PROSVETA VERLAG GMBH
Grabenstr. 14, 78661 Dietingen
Tel. +49 7427 3430, kontakt@prosveta.de
www.prosveta.de

ENGLAND UND IRLAND

PROSVETA, THE DOVES NEST
Duddleswell Uckfield
East Sussex TN 22 3JJ
Tel. (44) (01825) 712 988
orders@prosveta.co.uk
www.prosveta.co.uk

GABUN

Librairie Tiphéret
BP 1554www.pyrinoskosmos.gr
Libreville
Tel. +241 662 241 35
a.dirat@gabontelecom.ga

GRIECHENLAND

PYRINOS KOSMOS
Egeou 29 – Koropi
G-19400 Athens Attica
Tel. +30 210 360 28 83

HAITI

PROSVETA DÉPÔT HAITI
Angle rue Faustin 1er
et rue Bois Patate #25 bis
6110 Port-au-Prince
rbaaudant@yahoo.com

INDIEN

VIJ BOOKS
2/19 Ansari Road, Darya Ganj
New Delhi 110 002
www.vijbooks.com
vijbooks@rediffmail.com
Tel.: + 91-11-43596460 / 1147340674

BOOK MEDIA (MALAYALAM)
Coondacherry P.O.
Pala, 686579 Kottayam - Kerala
Tel. (+91) 94 47 53 62 40

ISRAEL

prosveta.il@hotmail.com
Hadkeren Publishing House
PO Box 8426
6 108 301 Tel-Aviv – Jaffa
info@hadkeren.co.il - www.hadkeren.co.il

ITALIEN

PROSVETA COOP. A R.L.
Casella Postale 55
06068 Tavernelle (PG)
Tel. (39) 075-835 84 98
prosveta@tin.it, www.prosveta.it

KAMERUN

Librairie Bibliothèque, Vera Book Center
Yaoundé au Carrefour MEEC
BP 17506 Etétak – Yaoundé
Tel. +237 699 959 044 / 694 546 116
verabookcenter@gmail.com

KANADA

PROSVETA INC.
3950 Albert Mines – Canton de Hatley – (QC)
J0B 2C0
Tel. +1 819 564 82 12
prosveta@prosveta-canada.com
www.prosveta.ca

KOLUMBIEN

PROSVETA COLOMBIA
Calle 174 Número 54B
50 Interior 6
Villa del Prado – Bogotá
Tel. (57 1) 6 14 53 85
Tel. 6 72 16 89
Mobil: (57) 311 8 10 25 42
prosveta.colombia@hotmail.com

KONGO

Librairie Providence
19 Rue Maleke Moukondo (Mfilou)
Brazzaville
Tel. +242 066 193 927
librairieprovidence2021@gmail.com

LETTLAND

Cilveka Pasatjaunosanas, biedriba
Ravija Astahova
Anniņmuižas bul. 43 – 135
Riga, Latvija LV-1069
Tel. +371 292 93298
ravija@inbox.lv

LIBANON

PROSVETA LIBAN
P.O. Box 90-995
Jdeitet-el-Metn, Beirut
Tel. (03) 448560
prosveta_lb@terra.net.lb
www.prosveta-liban.com

LITAUEN

LEIDYKLA MIJALBA
Gedimino G 26 B – 44319 Kaunas
Tel. 370.687 8760
info@mijalba.com
www.mijalba.com

NEUSEELAND

PROSVETA NEW ZEALAND LTD
49 Stottholm Road
Titirangi 0604
Aotearoa New Zealand
Tel. +64 686 727 89 / +64 220 212 414
johnson.susan34@gmail.com
www.oma-books.co.nz

NIEDERLANDE

STICHTING PROSVETA NEDERLAND
t.a.v. K. Laan
Zeestraat 50
2042 LC Zandvoort
Tel. +31 235 716 473
laan@prosveta.nl, www.prosveta.nl

NORWEGEN

PROSVETA NORDEN
Postboks 150 Sentrum
N-0102 Oslo
Tel. (47) 90 27 43 33
info@prosveta.no, www.prosveta.no

ÖSTERREICH

HARMONIEQUELL VERSAND
Ulmenweg 8, A 5302 Henndorf
Tel. und Fax +43 6214 7413
info@prosveta.at, www.prosveta.at

PERU

Contact Prosveta
Viviana Hermosa Mattos
Tel. + 51 999 355 919
vivihermosa@gmail.com

POLEN

Księgarna – Galeria Nieznany Świat
00-062 Warszawa
Tel. +48 506 063 920, www.nieznany.pl

Instytut Wiedzy Waleologicznej (IWW)
62-064 Plewiska
Tel. 605 030 642, www.krainazdrowia.com.pl

PORTUGAL

PUBLICAÇÕES MAITREYA
4100 - 027 Porto
flora@publicacoesmaitreya.pt

RUMÄNIEN

EDITURA PROSVETA SRL
Str. N. Constantinescu, Nr. 10, Bloc 16A
71253, Bucarest
www.prosveta.ro

RUSSLAND

EDITIONS PROSVETA
Elena Jitniouk
ul. Partizanskaya, d.22, kv. 87
Moskow 121351
Tel. +8 903 795 70 74
prosveta@prosveta.ru,
www.prosveta.ru

SCHWEIZ

ÉDITIONS PROSVETA
Société coopérative
Chemin de la Céramone 13
1808 Les Monts-de-Corsier
Tel. +41 21 921 92 18
prosveta@prosveta.ch
www.prosveta.ch

SERBIEN

EDITION BABUN D.O.O.
Ana Bešlić, Tel. +381653193913
babun.info@gmail.com

Izdavačko Preduzeće Paleja D.o.o
(Editions Paleja), Željko Mojsilović
Put za Trešnju 1. deo br. 9, Ripanj
Beograd, Tel. +381 653 433 857
info@svetlostknjige.com

SPANIEN

ASOCIACION PROSVETA ESPAÑOLA
C/ Diputacio, 385 local bajos 2
SP-08013 Barcelona
Tel. (+34) (93) 412 31 85
aprosveta@prosveta.es
www.prosveta.es

TSCHECHISCHE REPUBLIK

PROSVETA
Ant. Sovy 18
370 05 České Budějovice
Tel. +420 723 581 030
prosveta@iol.cz / info@omraam.cz
www.omraam.cz

TOGO

Le Livre SARL
Rue Kedjessinawe Tokoin Novissi
BP 1723 - Lomé Togo
Tel. +228 900 483 73
Tel. +228 982 959 58
lelivre1@yahoo.fr

TÜRKEI

Hermes Yayinlari
hermeskitap@gmail.com
www.hermeskitap.com

USA

WELLSPRING OF LIFE
404 N Mount Shasta Blvd # 320
Mount Shasta CA 96067, USA
Tel. +1 530 918 33 91
wellspringsoflife@mail.com
www.prosveta-usa.com

VENEZUELA

PROSVETA VENEZUELA C. A.
Tel. +58 412 904 89 94 / +58 414 134 75 34
prosvetavenezuela@gmail.com
www.prosvetavenezuela.com

Wenn Sie sich für Veranstaltungen interessieren, in denen die Lehre von Omraam Mikhaël Aïvanhov vertieft werden kann, wenden Sie sich bitte an eine der folgenden Adressen:

Deutschland
UWB e.V.
www.aivanhov.de, info@aivanhov.de

Schweiz
FBU, Chemin de la Céramone 13, 1808 Les-Monts-de-Corsier
Telefon 021 925 40 80, www.videlinata.ch

Österreich
UWB, Telefon 01 27 698 32
Internet: www.uwb.at, E-Mail: info@uwb.at